CODE 2022 DE LA ROUTE

Cette édition du Code de la route vous donne toutes les clés pour réussir l'examen du Code de la route ou remettre à jour vos connaissances. Elle prend en compte les changements intervenus au cours de l'année et notamment les nouvelles réglementations. Dans cet ouvrage, vous découvrirez aussi 2 séries de grands tests de mise en situation réelle à l'examen.

L'équipe d'Activ Permis, acteurs dans le secteur du permis de conduire depuis des années, conçoit depuis de nombreuses années des produits, outils et services dans le domaine de l'apprentissage du code de la route, et notamment :

➜ Les DVD « CODE DE LA ROUTE » pour TF1 vidéo et Sony.

➜ Les livres d'apprentissage du code de la route, pour les Editions du Toucan.

➜ Les fournitures et le matériel pour le marché du permis de conduire : équipements et solutions pour les auto-écoles fournis par un acteur détenant 50% du marché des auto-écoles (plus de 4.000 auto-écoles) en France.

➜ Les boîtiers de tests pour Les Editions Nationales du Permis de Conduire utilisés par plus de 4.000 auto-écoles.

➜ Les boîtiers d'évaluation pour la préparation aux épreuves de l'ASSR (Attestation Scolaire de Sécurité Routière obligatoire pour passer l'examen du permis de conduire) agréés par « Education sécurité routière » du ministère de l'éducation nationale.

SOMMAIRE

PANNEAUX

PANNEAUX 4

L — DISPOSITIONS LÉGALES EN MATIÈRE DE CIRCULATION ROUTIÈRE

DISPOSITIONS LÉGALES EN MATIÈRE DE CIRCULATION ROUTIÈRE 21
Généralités 22
Signalisation verticale 24
Marquages au sol 60
Feux de signalisation 68
Signalisation temporaire 71
Types d'intersections 78
Régime des passages 80
Cas particuliers 86
Croisements 92
Dépassements 96
Circuler à sa place 106
Adapter sa vitesse 110
Changer de direction 114
Agglomération 118

C — LE CONDUCTEUR

LE CONDUCTEUR 125
État du conducteur 126

R — LA ROUTE

LA ROUTE 139
Les routes 140
S'insérer 142
Manœuvrer 144
Autoroutes et voies rapides 146
Montagne 152
La nuit 156
Les intempéries 160
Tunnels 168
Passages à niveau 172

U — LES AUTRES USAGERS DE LA ROUTE

LES AUTRES USAGERS DE LA ROUTE 179
Les usagers fragiles 180
Communiquer entre usagers 180
La circulation inter-files des motards .. 181
Les véhicules spéciaux 184

A — LES ACCIDENTS

LES ACCIDENTS 189
Accidents 190
Les premiers secours 195

SOMMAIRE

ÉLÉMENTS MÉCANIQUES ET AUTRES ÉQUIPEMENTS LIÉS À LA SÉCURITÉ — M

ÉLÉMENTS MÉCANIQUES ET AUTRES ÉQUIPEMENTS LIÉS À LA SÉCURITÉ 201
Voir et être vu 202
Commandes 206
Mécanique 212
Entretien 216
Dynamique du véhicule 222

RÈGLES D'UTILISATION DU VÉHICULE EN RELATION AVEC LE RESPECT DE L'ENVIRONNEMENT — E

RÈGLES D'UTILISATION DU VÉHICULE EN RELATION AVEC LE RESPECT DE L'ENVIRONNEMENT 231
Ecomobilité et écoconduite 232

RÈGLEMENTATION GÉNÉRALE ET DIVERS — D

RÈGLEMENTATION GÉNÉRALE ET DIVERS .. 239
Administration 240
Infractions et sanctions 244
Assurance 248
Administratif 252
Remorque 256

PRÉCAUTIONS NÉCESSAIRES À PRENDRE EN QUITTANT LE VÉHICULE — P

PRÉCAUTIONS NÉCESSAIRES À PRENDRE EN QUITTANT LE VÉHICULE 259
Règles générales 260
Interdictions 268
S'installer et quitter le véhicule 274

EQUIPEMENTS DE SÉCURITÉ DES VÉHICULES — S

EQUIPEMENTS DE SÉCURITÉ DES VÉHICULES .. 279
Transport des enfants 280
Sièges auto 280
Aides à la conduite 281

ANNEXES

ANNEXES 285
L'examen théorique et pratique .. 286
Équivalences permis 289
Voyager en Europe 290

LA SÉRIE DES GRANDS TESTS

LE GRAND TEST N°1 297
LE GRAND TEST N°2 307

INDEX

INDEX 317

PANNEAUX

Panneaux de danger

 Virage à droite

 Virage à gauche

 Succession de virages dont le premier est à droite

 Succession de virages dont le premier est à gauche

 Cassis ou dos-d'âne

 Ralentisseur de type dos-d'âne

 Chaussée rétrécie

 Chaussée rétrécie par la droite

 Chaussée rétrécie par la gauche

 Chaussée particulièrement glissante

 Pont mobile

 Traversée de voies de tramways

 Endroit fréquenté par les enfants

 Passage pour piétons

 Passage pour piétons surélevé

 Passage d'animaux domestiques

 Passage d'animaux sauvages

 Passage de cavaliers

 Descente dangereuse

 Risque de heurt de véhicules lents

 Circulation dans les deux sens, à partir du panneau

 Risque de chute de pierres ou de présence sur la route de pierres tombées

 Débouché sur un quai ou une berge

 Annonce de feux tricolores

 Débouché de cyclistes venant de droite ou de gauche

 Traversée d'une aire de danger aérien

 Vent latéral

 Autres dangers

PANNEAUX

Panonceaux

Panonceaux de distance | Panonceaux d'étendue | Panonceaux désignant la voie concernée | Panonceaux de catégories | Panonceaux relatifs au stop | Panonceaux complémentaires aux panneaux de stationnement et d'arrêts

Panonceaux schémas | Panonceaux d'application des prescriptions concernant les panneaux de stationnement et d'arrêt | Panonceaux d'indications diverses | Panonceaux d'identification | Panonceaux signalant des dérogations ou des prescriptions | Panonceaux d'autorisation conditionnelle de franchissement pour cycles

Passages à niveau

Passage à niveau muni de barrières à fonctionnement manuel lors du passage des trains | Passage à niveau muni de barrières ou demi-barrière à fonctionnement automatique lors du passage des trains | Passage à niveau sans barrière ni demi-barrière | Passage à niveau sans barrière ni demi-barrière muni d'une signalisation automatique sonore et lumineuse | Passage à niveau sans barrière ni demi-barrière muni en position d'un panneau Stop imposant à l'usager de marquer un temps d'arrêt avant de franchir le passage à niveau

Signalisation de position des passages à niveau à une voie sans barrière ni demi-barrière et non munis de signalisation automatique | Signalisation de position des passages à niveau à plusieurs voies sans barrière ni demi-barrière et non munis de signalisation automatique | Signalisation de position des passages à niveau à une voie munis d'une signalisation automatique lumineuse et sonore sans barrière ni demi-barrière | Signalisation de position des passages à niveau à plusieurs voies munis d'une signalisation automatique lumineuse et sonore sans barrière ni demi-barrière

PANNEAUX

Panneaux relatifs aux intersections

Céder le passage aux véhicules débouchant de la ou des routes situées à droite

Intersection avec une route dont les usagers doivent céder le passage

Cédez le passage à l'intersection. Signal de position

Cédez le passage à l'intersection. Signal avancé

Arrêt à l'intersection. Signal de position

Arrêt à l'intersection. Signal avancé

Indication du caractère prioritaire d'une route

Fin du caractère prioritaire d'une route

Carrefour à sens giratoire

Route à caractère prioritaire avec panonceau-schéma

Panneaux d'interdiction

Circulation interdite à tout véhicule dans les deux sens

Sens interdit à tout véhicule

Interdiction d'accès à contresens de bretelles de sortie sur les autoroutes et routes à chaussées séparées

Interdiction de tourner à gauche à la prochaine intersection

Interdiction de tourner à droite à la prochaine intersection

Interdiction de faire demi-tour sur la route suivie jusqu'à la prochaine intersection

Interdiction de dépasser tous les véhicules à moteur autres que ceux à deux roues sans side-car

Interdiction aux véhicules affectés au transport de marchandises de plus de 3,5 tonnes, de dépasser tous les véhicules à moteur autres que ceux à deux roues sans side-car

Arrêt au poste de douane

Arrêt au poste de gendarmerie

Arrêt au poste de police

Arrêt au poste de péage

PANNEAUX

Panneaux d'interdiction (suite)

Accès interdit aux véhicules à moteur à l'exception des cyclomoteurs

Accès interdit à tous les véhicules à moteur

Accès interdit aux véhicules affectés au transport de marchandises

Accès interdit aux piétons

Accès interdit aux cycles

Accès interdit aux véhicules à traction animale

Accès interdit aux véhicules agricoles à moteur

Accès interdit aux voitures à bras

Accès interdit aux véhicules de transport en commun de personnes

Accès interdit aux cyclomoteurs

Accès interdit aux motocyclettes et motocyclettes légères

Accès interdit aux véhicules tractant une caravane ou une remorque de plus de 250 kg, tel que le PTRA dépasse 3,5 t

Accès interdit aux véhicules, véhicules articulés, trains doubles ou ensemble de véhicules dont la longueur est supérieure au nombre indiqué

Accès interdit aux véhicules dont la largeur, chargement compris, est supérieure au nombre indiqué

Accès interdit aux véhicules dont la hauteur, chargement compris, est supérieure au nombre indiqué

Accès interdit aux véhicules dont le PTAC ou le PTRA excède le nombre indiqué

Accès interdit aux véhicules pesant sur un essieu plus que le nombre indiqué

Limitation de vitesse. Ce panneau notifie l'interdiction de dépasser la vitesse indiquée

Cédez le passage à la circulation venant en sens inverse

Interdiction aux véhicules de circuler sans maintenir entre eux un intervalle au moins égal au nombre indiqué

Signaux sonores interdits

Accès interdit aux véhicules transportant des marchandises explosives ou facilement inflammables

Accès interdit aux véhicules transportant des marchandises susceptibles de polluer les eaux

Accès interdit aux véhicules transportant des marchandises dangereuses

Autres interdictions dont la nature est indiquée par une inscription sur le panneau

Entrée d'une zone à vitesse limitée à 30 km/h

PANNEAUX

Panneaux de fin d'interdiction

Fin de toutes les interdictions précédemment signalées, imposées aux véhicules en mouvement | Fin de limitation de vitesse | Fin d'interdiction de dépasser | Fin d'interdiction de dépasser pour les véhicules affectés au transport de marchandises de plus de 3,5 tonnes

Fin d'interdiction de l'usage de l'avertisseur sonore | Fin d'interdiction dont la nature est indiquée sur le panneau | Sortie d'une zone à vitesse limitée à 30 km/h

Panneaux d'obligation

Obligation de tourner à droite avant le panneau | Obligation de tourner à gauche avant le panneau | Contournement obligatoire par la droite | Contournement obligatoire par la gauche | Direction obligatoire à la prochaine intersection : tout droit

Direction obligatoire à la prochaine intersection : à droite | Direction obligatoire à la prochaine intersection : à gauche | Directions obligatoires à la prochaine intersection : tout droit ou à droite | Directions obligatoires à la prochaine intersection : tout droit ou à gauche | Directions obligatoires à la prochaine intersection : à droite ou à gauche

PANNEAUX

Panneaux d'obligation (suite)

Piste ou bande obligatoire réservée aux cycles à deux ou trois roues

Chemin obligatoire réservée aux piétons

Chemin obligatoire réservée aux cavaliers

Vitesse minimale obligatoire

Chaînes à neige obligatoires sur au moins deux roues motrices

Entrée de zone d'obligation d'équipements en période hivernale

Voie réservée aux véhicules des services réguliers de transport en commun

Voie réservée aux tramways

Autres obligations dont la nature est mentionnée par une inscription sur le panneau

Panneaux de fin d'obligation

Fin de piste ou bande obligatoire pour cycle

Fin de chemin obligatoire pour piétons

Fin de chemin obligatoire pour cavaliers

Fin de vitesse minimale obligatoire

Fin d'obligation de l'usage des chaînes à neige

Sortie de zone d'obligation d'équipements en période hivernale

Fin de voie réservée aux véhicules des services réguliers de transport en commun

Fin d'obligation dont la nature est mentionnée par une inscription sur le panneau

PANNEAUX

Panneaux de stationnement

Arrêt et stationnement interdits | | Stationnement interdit | Stationnement interdit du 1er au 15 du mois | Stationnement interdit du 16 à la fin du mois

Entrée d'une zone à stationnement interdit | Entrée d'une zone à stationnement unilatéral à alternance semi-mensuelle | Entrée d'une zone à stationnement à durée limitée, avec contrôle par disque | Entrée d'une zone à stationnement payant | Entrée d'une zone à stationnement unilatéral à alternance semi-mensuelle et à durée limitée, avec contrôle par disque

Sortie de zone à stationnement interdit | Sortie de zone à stationnement unilatéral à alternance semi-mensuelle | Sortie de zone à stationnement à durée limitée, avec contrôle par disque | Sortie de zone à stationnement payant | Sortie de zone à stationnement unilatéral à alternance semi-mensuelle et à durée limitée, avec contrôle par disques

Panneaux d'indication de conduite

Entrée d'une zone de rencontre | Sortie d'une zone de rencontre | Entrée d'aire piétonne | Sortie d'aire piétonne | Lieu aménagé pour le stationnement | Lieu aménagé pour le stationnement gratuit à durée limitée avec contrôle par disque

Lieu aménagé pour le stationnement payant | Risque d'incendie | Vitesse conseillée | Fin de vitesse conseillée | Station de taxis | Arrêt d'autobus

PANNEAUX

Panneaux d'indication de conduite (suite)

 Emplacement d'arrêt d'urgence

 Station d'autopartage

 Circulation à sens unique

 Impasse

 Présignalisation d'une impasse

 Impasse comportant une issue pour les piétons

 Impasse comportant une issue pour les piétons et les cyclistes

 Présignalisation de la praticabilité d'une section de route. Ce panneau signale qu'une section de route est ouverte ou fermée à la circulation publique. En cas d'ouverture, il précise, le cas échéant, les conditions particulières d'équipement auxquelles sont soumis les véhicules en circulation

 Priorité par rapport à la circulation venant en sens inverse

 Passage pour piétons

 Traversée de voies de tramways

 Stationnement réglementé pour les caravanes et les autocaravanes

 Conditions particulières de circulation par voie sur la route suivie

 Voies affectées à l'approche d'une intersection

 Conditions particulières de circulation sur la route ou la voie embranchée

 Indication aux frontières des limites de vitesse sur le territoire français

 Rappel des limites de vitesse sur autoroute

 Voie de détresse à droite

 Voie de détresse à gauche

 Ralentisseur de type dos d'âne

 Réduction du nombre de voies

 Présignalisation d'un créneau de dépassement ou d'une section de route à chaussées séparées

 Créneau de dépassement à trois voies affectées « deux voies dans un sens et une voie dans l'autre »

 Section de route à trois voies affectées « une voie dans un sens et deux voies dans l'autre »

 Fin d'un créneau de dépassement à trois voies affectées

 Indications diverses

 Présignalisation du début d'une section à vitesse régulée

 Fin de section à vitesse régulée

PANNEAUX

Panneaux d'indication de conduite (suite)

Présignalisation d'une borne de retrait de ticket de péage | Paiement auprès d'un péagiste | Paiement automatique par carte bancaire ou accréditive | Paiement automatique par pièces de monnaie | Paiement automatique par pièces et billets | Paiement automatique par abonnement « télépéage »

Route à accès réglementé. Conditions particulières de circulation par voie sur la route suivie. | Fin de route à accès réglementé | Entrée d'un tunnel. | Sortie de tunnel | Piste ou bande cyclable conseillée et réservée aux cycles à deux ou trois roues

Fin d'une piste ou d'une bande cyclable conseillée et réservée aux cycles à deux ou trois roues | Voie verte | Fin de voie verte | Début d'une section d'autoroute | Fin d'une section d'autoroute

Panneaux d'indication de services

Poste de secours | Poste d'appel d'urgence | Cabine téléphonique publique | Informations relatives aux services ou activités touristiques | Terrain de camping pour tentes | Terrain de camping pour caravanes et autocaravanes

Terrain de camping pour tentes, caravanes et autocaravanes | Auberge de jeunesse | Chambre d'hôtes ou gîte | Point de départ d'un itinéraire pédestre | Point de départ d'un circuit de ski de fond | Emplacement pour pique-nique

PANNEAUX

Panneaux d'indication de services (suite)

 Gare auto/train

 Parking sous vidéos surveillance

 Embarcadère

 Toilettes ouvertes au public

 Installations accessibles aux personnes handicapées à mobilité réduite

 Poste de distribution de carburant ouvert 7 jours sur 7 et 24 heures sur 24

 Poste de distribution de carburant ouvert 7 jours sur 7 et 24 heures sur 24 assurant le ravitaillement en gaz de pétrole liquéfié (GPL)

 Poste de distribution de carburant ouvert 7 jours sur 7 et 24 heures sur 24 assurant la recharge des véhicules électriques

 Poste de distribution de carburant ouvert 7 jours sur 7 et 24 heures sur 24 assurant le ravitaillement en gaz de pétrole liquéfié (GPL) et la recharge des véhicules électriques

 Poste de recharge de véhicules électriques ouvert 7 jours sur 7 et 24 heures sur 24

 Poste de recharge de véhicules électriques ouvert 7 jours sur 7 et 24 heures sur 24 assurant le ravitaillement en gaz de pétrole liquéfié (GPL)

 Fréquence d'émission d'une station de radiodiffusion dédiée aux informations sur la circulation routière et l'état des routes

 Hôtel ou motel ouvert 7 jours sur 7

 Débit de boissons ou établissement proposant des collations sommaires ouvert 7 jours sur 7

 Emplacement de mise à l'eau d'embarcations légères

 Gare de téléphérique

 Point de départ d'un télésiège ou d'une télécabine

 Point de vue

 Restaurant ouvert 7 jours sur 7

 Jeux d'enfants

 Station de vidange pour caravanes, autocaravanes et cars

 Distributeur de billets de banque

 Station de gonflage, hors station service, dont l'usage est gratuit

 Point de détente

 Poste de dépannage

 Moyen de lutte contre l'incendie

 Issue de secours vers la droite

 Issue de secours vers la gauche

 Installations ou services divers

 Lieu aménagé pour la pratique du covoiturage

PANNEAUX

Panneaux de direction

Panneaux de position

Direction comportant une indication de distance

Direction sans indication de distance

Direction de lieux-dits et fermes comportant une indication de distance

Direction de lieux-dits et fermes sans indication de distance

Panneaux de signalisation avancée

Sortie numérotée

Sortie non numérotée

Bifurcation autoroutière

Aire sur route

Affectation de voies de sortie numérotée

Aire sur autoroute

Affectation de voies de sortie non numérotée

Affectation de voies de bifurcation autoroutière

Affectation de voies de sortie numérotée

Affectation de voies de sortie non numérotée

Affectation de voies de bifurcation autoroutière

Panneaux de présignalisation

Sortie numérotée

Sortie non numérotée

Bifurcation autoroutière

Carrefour complexe

Carrefour à sens giratoire

Carrefour

Village étape à 20 kilomètres environ

Début d'une section routière ou autoroutière à péage à 1500m

Paiement au péage

Affectation de voies de sortie numérotée

Panneaux de direction (suite)

Affectation de voies de sortie non numérotée

Affectation de voies de bifurcation autoroutière

Affectation de voies de sortie numérotée

Affectation de voies de sortie non numérotée

Affectation de voies de bifurcation autoroutière

Panneaux d'avertissement

Sortie simple

Sortie avec affectation de voies

Bifurcation entre deux autoroutes

Bifurcation entre deux routes à chaussées séparées

Bifurcation avec affectation de voies entre deux routes à chaussées séparées

Panneaux de confirmation

Sur route

Sur autoroute

Prochaine sortie

Prochaine bifurcation autoroutière

Fin d'itinéraire « S »

Fin d'itinéraire « Bis »

Panneaux de signalisation complémentaire

Différentes sorties desservant une agglomération

Sortie

Bifurcation autoroutière comportant des numéros d'autoroutes

Bifurcation autoroutière ne comportant pas de numéros d'autoroutes

Itinéraire de substitution

Itinéraire « Bis »

Services et équipements desservis au prochain carrefour

Services et équipements

PANNEAUX

Cartouches

Réseau européen | Routes et autoroutes du réseau national | Réseau départementale | Réseau communal ou rural | Réseau forestier | Rocade

Bornes

Eléments de repérage utilisés sur les routes et autoroutes du réseau national | Eléments de repérage utilisés sur les routes départementales | Eléments de repérage utilisés sur les voies communales

Panneaux de localisation

Lieu-dit traversés par la route

Cours d'eau

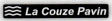
Entrée sur une aire routière

Sortie d'une aire routière

Parc national

Appartenance d'une commune à un parc national

Entrée sur une aire autoroutière

Sortie d'une aire autoroutière

Etat membre de la Communauté européenne

Entrée d'agglomération

Sortie d'agglomération

Département

Région administrative

Panneaux d'information de sécurité routière

Rappel de l'espacement que les usagers doivent laisser entre leurs véhicules sur autoroute et sur route à deux fois deux voies.

Annonce d'une zone placée sous vidéosurveillance, pour assurer une meilleure sécurité des usagers et la régulation du trafic

Signaux annonçant une zone où la vitesse est contrôlée par un ou plusieurs dispositifs de contrôle automatisé

Rappel d'un message de sécurité routière de portée générale

PANNEAUX

Signalisation temporaire

Cassis ou dos d'âne | Chaussée rétrécie | Chaussée glissante | Travaux | Danger dont la nature peut être précisée par un panonceau | Feux tricolores réglant une circulation alternée

Risque de projection de gravillons | Bouchon | Accident | Nappes de brouillard ou de fumées épaisses | Barrages. Signalisation de position de travaux

Signal à double face servant à régler manuellement la circulation | Signalisation de position d'une déviation ou d'un rétrécissement temporaire de chaussée / Délimitation de chantier ou signal de fermeture d'un passage à niveau | Indication de chantier important ou de situations diverses | Direction de déviation avec mention de la ville | Présignalisation de changement de chaussée ou de trajectoire

Affectation de voies | Réduction d'une voie | Réduction de plusieurs voies sur routes à chaussées séparées | Présignalisation de déviation | Signalisation complémentaire d'un itinéraire de déviation

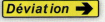

Direction de déviation / Présignalisation courante | Encart de présignalisation de l'origine d'un itinéraire de déviation | Confirmation de déviation | Feux à éclats utilisés en complément de la signalisation temporaire.

Fin de déviation

PANNEAUX

Signalisation dynamique

 Virage à droite dangereux

 Virage à gauche dangereux

 Série de virages dangereux dont le premier est à droite

 Série de virages dangereux dont le premier est à gauche

 Danger de cassis ou dos d'âne

 Rétrécissement de chaussée

 Rétrécissement de chaussée par la droite

 Rétrécissement de chaussée par la gauche

 Chaussée particulièrement glissante

 Fermeture de pont mobile

 Présence proche d'un ou de plusieurs piétons sur la chaussée

 Présence d'enfants susceptibles de traverser la chaussée

 Présence de piétons à un passage pour piétons ou rappel d'un passage pour piétons

 Présence d'autres dangers possibles

 Présence d'un ou plusieurs animaux errants sur la chaussée

 Descente dangereuse

 Feu de régulation d'accès ou de feux tricolores réglant une circulation alternée

 Route bidirectionnelle

 Risque de projection de gravillons

 Signalisation dynamique de travaux

 Signalisation dynamique d'un accident

 Annonce de présence relativement proche de nappes de brouillard ou de fumées épaisses.

 Vent particulièrement fort

 Débouché sur un quai ou une berge

 Signalisation dynamique d'une queue de bouchon

 Danger proche de dégradation des conditions de circulation liée à des chutes de neige ou à de la pluie verglaçante

 Fermeture d'un passage à niveau muni de barrières. Il est affiché lorsque les barrières sont fermées ou en cours de manœuvre

PANNEAUX

Feux de signalisation

 Feux tricolores circulaires

 Feux bicolores destinés aux piétons

 Feux tricolores modaux pour bus

 Feux tricolores directionnels

 Feux d'anticipation pour tous

 Signaux d'anticipation directionnels

 Signaux d'autorisation conditionnelle de franchissement pour cycles

 Signaux tricolore de contrôle de flot

 Signaux bicolores de contrôle individuel.

 Signal d'arrêt feu clignotant

 Signal d'arrêt destiné aux piétons. STOP clignotant

  Signal rouge fixe. Interdiction d'emprunter la voie au-dessus du signal.

  Signal vert fixe. Autorisation d'emprunter la voie située au-dessus du signal.

  Signal jaune clignotant en forme de flèche. Obligation de se rabattre sur la voie indiquées par la flèche.

Balises

 Virage

 Virage sur routes fréquemment enneigée

 Signalisation de position des intersections de routes

 Balisage de virages

 Nez des îlots séparateurs

 Limites de chaussées par délinéateur

 Manche à air

 Présignalisation d'un passage à niveau

 Renforcement d'un marquage continu permanent

 Renforcement d'un marquage permanent en divergent

 Obstacle

 Musoir signalant la divergence des voies

Notes

L DISPOSITIONS LÉGALES EN MATIÈRE DE CIRCULATION ROUTIÈRE

La signalisation routière est implantée sur les routes sous forme de panneaux, de signaux lumineux et de marquages au sol.

Elle a pour but d'aider les usagers à circuler en harmonie dans un espace commun.

DISPOSITIONS LÉGALES EN MATIÈRE DE CIRCULATION ROUTIÈRE

Généralités

La signalisation verticale sert à nous aider dans la conduite en nous apportant des informations ponctuelles afin d'adapter les comportements aux lieux.

La forme et le fond

La signalisation se lit comme un texte :
→ je commence par percevoir la forme pour l'indication générale ;
→ je continue par les couleurs pour préciser l'information ;
→ je termine par le symbole et parfois le texte pour connaître la signification.

L'ensemble du panneau conditionne le comportement que je vais adopter.

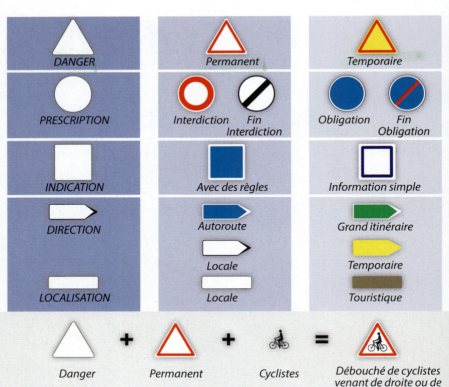

DISPOSITIONS LÉGALES EN MATIÈRE DE CIRCULATION ROUTIÈRE — L

Les idéogrammes et symboles

Il s'agit de signes qui sont inclus dans les panneaux de direction. Ils donnent des informations d'indication, d'interdiction ou encore des recommandations.

Les idéogrammes : Direction à suivre pour rejoindre un lieu ou une installation.

 Village étape
 Gare de trains
 Point d'accueil du public d'un espace naturel sensible
 Musée ayant reçu l'appellation «Musée de France»
 Parc ou jardin ayant reçu le label «jardin remarquable»

 Point d'accueil jeunes
 Base de loisirs
 Déchèterie
 Produits du terroir
 Parc national

Les symboles :

Les symboles sont principalement de deux ordres : les recommandations de direction et les interdictions de direction. Ici, pour me rendre à Riom, je peux emprunter une autoroute❶ qui sera signalée plus loin. Mais le vert du panneau m'indique que je pourrai tout de même continuer par la route❷ pour m'y rendre. Et la direction de Gannat est interdite aux véhicules transportant des matières explosives ou facilement inflammables❸.

Direction recommandée mais non obligatoire : *Direction interdite à une catégorie d'usagers :*

 Sortie à droite
 Sortie à gauche (exceptionnel)
Rocade
 Bifurcation autoroutière
 Itinéraire Bis (route à faible trafic et touristique)
 Itinéraire «S» de substitution (double un tronçon autoroutier particulièrement chargé)

23

DISPOSITIONS LÉGALES EN MATIÈRE DE CIRCULATION ROUTIÈRE

Signalisation verticale

Il s'agit de panneaux et panonceaux posés sur des supports ou des portiques.

Panonceaux

Les panonceaux ne sont jamais utilisés seuls. Ils accompagnent un panneau afin d'apporter des précisions. Ils spécifient des espaces (des distances, des portées, des directions) ou encore des catégories d'usagers. Enfin, ils peuvent préciser la nature d'une information ou d'une règle.

Un panonceau, dans presque tous les cas, ne concerne que le panneau situé juste au-dessus de lui❶.
Exception faite lorsque deux panneaux (danger et prescription) sont liés❷. Dans ce cas, le panonceau complète les 2 panneaux.

Distance et lieu :

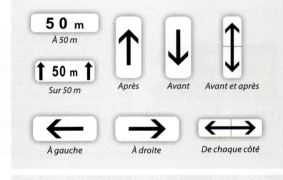

24

DISPOSITIONS LÉGALES EN MATIÈRE DE CIRCULATION ROUTIÈRE

Panonceaux catégoriels :

Ces panonceaux précisent les catégories visées par une interdiction, une obligation ou une simple indication.

Attention ! Je peux être concerné par l'un des panonceaux suivants, au volant d'un véhicule de la catégorie B :

Ce panonceau vise tous les véhicules de transport de marchandises, y compris les fourgonnettes et les camionnettes. Il est indépendant du PTAC.

Ce panonceau concerne tous les véhicules dont la longueur dépasse le chiffre indiqué. Si je tracte une longue remorque, je suis concerné !

Ce panonceau désigne seulement les remorques d'un PTAC supérieur à 250 kg.

Ce panonceau désigne les véhicules tractant une caravane ou une remorque de plus de 250 kg et dont le poids total roulant, véhicule plus remorque, n'excède pas 3,5 t.

Ce panonceau désigne les véhicules équipés de chaînes à neige. Parfois, une mention « pneus neige autorisés » l'accompagne.

Ces panonceaux désignent les véhicules équipés d'une plaque-étiquette de danger ❶, et qui correspondent au type de produit transporté. Une camionnette peut être concernée.

DISPOSITIONS LÉGALES EN MATIÈRE DE CIRCULATION ROUTIÈRE

Panonceaux liés au stationnement : (voir aussi p.268)

Le mode de stationnement est placé en rappel dans la zone à l'aide des panonceaux

Les panonceaux peuvent préciser le lieu de l'horodateur, les tarifs et les créneaux horaires

Les panonceaux précisent l'obligation d'apposer le disque ou de respecter des créneaux horaires

Dans les cas ci-dessous, les pannonceaux réservent le lieu de stationnement

DISPOSITIONS LÉGALES EN MATIÈRE DE CIRCULATION ROUTIÈRE

Panonceaux divers :

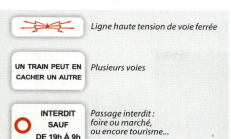

Ligne haute tension de voie ferrée

Plusieurs voies

Passage interdit : foire ou marché, ou encore tourisme…

Passage pour piétons surélevé

Poste d'appel de secours

Poste d'appel de secours, extincteur en cas d'incendie

Balises

Les balises, pour la plupart, complètent une signalisation afin de situer le lieu dangereux ou permettent de guider les usagers. Elles sont implantées en position.

Balises diverses :

Parfois la route est jalonnée de délinéateurs❶ très visibles la nuit. Et lorsqu'un obstacle est proche de la chaussée, une balise❷ à traits bleus et blancs y est placée. Enfin d'autres balises❸ peuvent renforcer la délimitation des voies.

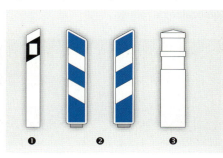

Balises de virage :

Les balises de virage❹ délimitent celui-ci. Dans les régions enneigées, elles comportent un capuchon rouge❺ afin de les distinguer. La balise à chevrons❻ bleus et blancs indique le sens du virage.

❹

❺

❻

Balises d'intersection et îlot directionnel :

Une balise❼ comportant un anneau rouge positionne l'endroit d'une intersection. En aucun cas cette balise ne donne une indication sur l'ordre de passage. Lorsqu'il existe un aménagement avec un îlot directionnel❽, une flèche indique le côté par où passer.

❼

❽

Balises de passages à niveau :

Dans tous les cas, un triple jalonnement❶ est implanté entre le panneau et les voies. Attention, en agglomération les jalons sont plus rapprochés, espacés environ d'une quinzaine de mètres.

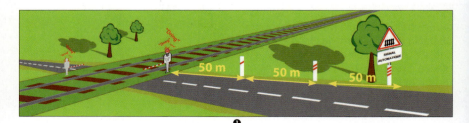
❶

DISPOSITIONS LÉGALES EN MATIÈRE DE CIRCULATION ROUTIÈRE

EN RÉSUMÉ

✓ Un panneau se lit en commençant par sa forme et sa couleur, puis en découvrant le symbole à l'intérieur.
✓ Un panonceau complète toujours le panneau placé au-dessus de lui, afin de préciser sa portée ou la catégorie d'usagers concernée, ou encore donner une information supplémentaire.
✓ Une balise sert à positionner un danger ou un ouvrage.

MINI ÉVAL

1- J'approche d'un chemin de terre. En règle générale, les usagers qui en débouchent doivent céder le passage :
OUI _____ A ❏
NON _____ B ❏

2- Titulaire du permis B, cette interdiction peut me concerner :
OUI _____ A ❏
NON _____ B ❏

3- La signalisation indique :
une intersection
OUI _____ A ❏   NON _____ B ❏
un virage
OUI _____ C ❏   NON _____ D ❏

4- Cette balise est :
Un délinéateur _____ A ❏
Une tête d'îlot _____ B ❏
Une balise de virage _____ C ❏
Une balise d'obstacle _____ D ❏

Réponses : 1-A   2-A   3-AC   4-D

DISPOSITIONS LÉGALES EN MATIÈRE DE CIRCULATION ROUTIÈRE

Panneaux de danger

Implantation :

Les panneaux de danger sont placés :
- environ 200 m avant le danger sur autoroutes et routes à chaussées séparées ;
- environ 150 m avant le danger sur route hors agglomération ;
- environ 50 m avant le danger sur route en agglomération.

 Une seule exception ! Ce panneau qui signale le début d'un double sens de circulation. Il est placé en position, dès le début de la chaussée à double sens.

Panneaux et panonceaux :

Un panonceau de distance ❶ ou d'étendue ❷ complète parfois deux panneaux associés ❸.

❶
Chaussée particulièrement glissante à 500 m

❷
Chaussée particulièrement glissante à 150 m et sur 500 m

❸
Arrêt interdit du fait du danger de chute de pierres sur 2 400 m

Selon le profil de la route :

Virage à droite

Virage à gauche

Succession de virages dont le premier est à droite

Succession de virages dont le premier est à gauche

Chaussée rétrécie

Chaussée rétrécie par la droite

Chaussée rétrécie par la gauche

Cassis (creux) ou dos-d'âne (bosse)

Attention lorsque la dénivellation se situe juste avant un virage, car à vitesse excessive, il y a un risque de perdre le contrôle du vehicule.

Le chiffre 10 % indique que la route descend de 10 m tous les 100 m. Lorsqu'un risque de heurt de véhicules lents existe, ce panneau peut-être complété❹.

❹
Descente dangereuse, risque de collision

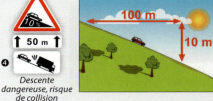

DISPOSITIONS LÉGALES EN MATIÈRE DE CIRCULATION ROUTIÈRE — L

Selon les aménagements :

Passage pour piétons. Je dois céder le passage au piéton qui manifeste l'intention de s'engager. Parfois, un panneau de position marque l'endroit du passage.

Ralentisseur de type «dos-d'âne». Il est également signalé par un marquage au sol et un panneau d'indication. La vitesse est souvent limitée à 30 km/h.

 Je vais arriver sur un pont mobile. Celui-ci est accompagné de feux rouges tricolores ou de feux rouges clignotants.

Passage à niveau sans barrières ni demi-barrières

Il est parfois accompagné d'un panneau stop ou d'un ou deux feux rouges clignotants à hauteur du passage à niveau.

 La route longe ou aboutit à une voie sur berge ou un embarcadère. Je risque de tomber dans l'eau.

Passage à niveau muni de demi-barrières à fonctionnement automatique

Passage à niveau muni de barrières à fonctionnement manuel ou de demi-barrières à fonctionnement automatique. Ils sont dotés de feux rouges clignotants et d'un signal sonore.

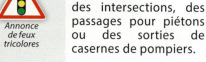
Annonce de feux tricolores

On les trouve au niveau des intersections, des passages pour piétons ou des sorties de casernes de pompiers.

Traversée de voies de tramways

Ne pas confondre avec les signaux «voie réservée» et l'arrêt du tramway.

31

DISPOSITIONS LÉGALES EN MATIÈRE DE CIRCULATION ROUTIÈRE

Selon les rencontres :

Traversée de cyclistes

 ❶
 ❷
 ❸

Ceux-ci peuvent déboucher de gauche comme de droite.
Ne pas confondre avec la voie ou la bande réservée❶, la voie conseillée❷, ou encore l'interdiction aux cyclistes❸.

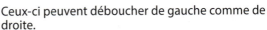

Danger aérien

Parfois la circulation peut être arrêtée par des feux et des barrières.

Présence d'enfants

On trouve ce panneau à proximité des écoles, des centres aérés, des colonies de vacances ou encore des installations sportives.

Passage de cavaliers

Ils sont considérés comme des usagers à part entière. Je ne klaxonne pas en leur présence.

Passage d'animaux sauvages

Ces animaux se manifestent surtout la nuit, ou dans les forêts.

DISPOSITIONS LÉGALES EN MATIÈRE DE CIRCULATION ROUTIÈRE — L

Passage d'animaux domestiques : bovins et ovins

Ces panneaux sont implantés à proximité de fermes ou de pâturages.

Attention ! Lorsqu'ils sont implantés dans un parc naturel, les animaux domestiques sont alors souvent en liberté.

PARC NATUREL RÉGIONAL du HAUT-LANGUEDOC

Selon les conditions :

Chutes de pierres

Risque de chutes de pierres.

Vent latéral

Approche d'une zone fréquemment ventée.

Selon l'inclinaison de la manche à air, je suis informé sur la force et l'orientation du vent, ou s'il souffle en rafales *(voir p. 164)*.

Dans les zones où les chutes de pierres sont fréquentes et dangereuses, l'arrêt et le stationnement ne sont pas interdits mais déconseillés, sauf si une signalisation le spécifie.

RISQUE D'AVALANCHE

Au pire, la circulation peut être interrompue.

PMV (Panneau à Message Variable)

DISPOSITIONS LÉGALES EN MATIÈRE DE CIRCULATION ROUTIÈRE

Danger particulier

Parfois doté de feux jaunes clignotants lorsque le danger est élevé, ce panneau signale divers dangers précisés par un panonceau :

→ des arbres inclinés❶ peuvent abîmer un véhicule haut (camionnette, caravane ou autocaravane) ;

→ le brouillard❷ est fréquent ;

→ la sortie d'usine❸ peut concerner tous les jours de la semaine ;

→ une sortie de caserne de pompiers❹.

Chaussée glissante

La chaussée glissante peut avoir diverses origines :

→ verglas❺ ;

→ pluie❻ ;

→ passage de tracteurs agricoles❼ ;

→ campagnes de ramassage de betteraves❽.

Arrêt de la circulation

Passage à niveau, aérodrome, pont basculant ou pivotant :

Parfois, la circulation doit être totalement arrêtée afin de laisser passer d'autres usagers qui n'empruntent pas la route mais les rails, les airs ou l'eau.
Pour ce faire, une signalisation est mise en place.

Pont mobile

Passage à niveau muni de barrières à fonctionnement manuel

Danger aérien

Signalisation automatique

Signal d'arrêt

DISPOSITIONS LÉGALES EN MATIÈRE DE CIRCULATION ROUTIÈRE

EN RÉSUMÉ

✓ Un panneau de danger est placé avant le danger qu'il signale, 200 m avant sur autoroute, 150 m avant hors agglomération et environ 50 m avant en agglomération. Une seule exception en panneau de position : « circulation à double sens ».
✓ Il peut être associé à un panonceau pour en préciser la portée. Un panneau de position indique parfois l'endroit même du danger annoncé.
✓ Je dois adapter ma vitesse !

MINI ÉVAL

1- Ce panneau annonce :
circulation à double sens
OUI_____A❏   NON_____B❏
priorité au sens inverse
OUI _____C❏   NON _____D❏

2- Ce signal annonce :
une piste cyclable_____A❏
            ou
un débouché de cyclistes_____B❏

3- La signalisation annonce :
un ralentisseur :
OUI_____A❏   NON_____B❏
un cassis ou dos-d'âne :
OUI _____C❏   NON _____D❏

4- Le danger annoncé :
Commence au panneau _____A❏
Commence à 150 m_____B❏
Commence à 1500 m _____C❏
S'étend sur 1500 m_____D❏

Réponses :   1-AD   2-B   3-AC   4-BD

DISPOSITIONS LÉGALES EN MATIÈRE DE CIRCULATION ROUTIÈRE

Prescription : panneaux d'interdiction

Implantation :
L'interdiction prend effet à hauteur du panneau. Elle s'arrête au niveau de l'intersection suivante ou au panneau de fin d'interdiction.

Interdictions de passage :
Ce panneau concerne tous les véhicules, y compris les vélos, sauf indication contraire.

Sens interdit

Circulation interdite dans les deux sens

Interdiction de dépasser tous les véhicules à moteur autres que les deux roues sans side-car ❶

Dépassement interdit pour les transports de marchandises ❷

Interdiction de tourner à gauche ❸ *Interdiction de tourner à droite*

Interdictions de manoeuvres :
Dépassement interdit de tous les véhicules à moteur❶ autres que ceux à deux roues sans side-car.

Dépassement interdit pour les véhicules de transport de marchandises❷, d'un PTAC ou PTRA supérieur à 3,5 t.

Cette interdiction❸ concerne la première rue ou route rencontrée à gauche ou à droite.

Cette interdiction❹ porte jusqu'à l'intersection suivante. Ce panneau n'interdit pas de tourner à gauche.

Interdiction de faire demi-tour ❹

L'interdiction donnée par le panneau associé ne s'applique pas aux cyclistes

Limitations de vitesse :
C'est la vitesse qu'on ne doit pas dépasser et non pas la vitesse obligatoire à atteindre...
Ces limitations ont toujours une raison d'être, même si je n'en vois pas spontanément la justification.

Vitesse limitée

Zone à vitesse limitée

DISPOSITIONS LÉGALES EN MATIÈRE DE CIRCULATION ROUTIÈRE

Obligations d'arrêt :

Poste de péage

Je dois m'arrêter à hauteur du poste de péage, sauf dans le cas du télépéage, que je peux franchir au pas.

Halte obligatoire au barrage de police

Je circule au pas et j'observe les signes des agents.

Arrêt obligatoire au barrage de gendarmerie

Arrêt obligatoire au barrage de douane

Un feu rouge clignotant portatif ou une lanterne rouge peuvent être utilisés pour arrêter la circulation la nuit.

Interdictions avec règles :

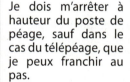

Interdiction de s'avancer si un usager s'engage en face. Un signal indique en face la règle qui s'applique.

C'est l'interdistance à laisser avec l'usager devant moi, aussi bien en roulant qu'en cas d'arrêt de la circulation, notamment dans les tunnels.

Distance minimale obligatoire

Les lumières bleues aident à garder les distances dans un tunnel

DISPOSITIONS LÉGALES EN MATIÈRE DE CIRCULATION ROUTIÈRE

Interdictions de passage selon les catégories d'usagers :

Piétons — Cycles — Cyclomoteurs — Motocyclettes — Transports en commun — Voitures à bras — Traction animale — Véhicules agricoles à moteur

❶ ❷ ❸ ❹ ❺ Matières explosives ou inflammables — ❺ Matières pouvant polluer les eaux — ❺ Marchandises dangereuses

Accès interdit :
- aux véhicules à moteur❶ à l'exception des cyclomoteurs ;
- à tous les véhicules à moteur❷ ;
- aux véhicules tractant une caravane ou une remorque❸ de plus de 250 kg, tel que le poids total roulant autorisé, véhicule et caravane ou remorque, ne dépasse pas 3,5 t ;
- aux véhicules affectés au transport de marchandises❹ (attention, une camionnette est concernée) ;
- aux véhicules transportant certains produits❺ (attention, je peux être concerné avec un permis B !)

Interdictions de passage selon le gabarit :

La longueur, la hauteur et la largeur sont limitées. (En tractant une grande remorque, je peux être concerné par la longueur)

❻ ❼ Le Poids Total Autorisé en Charge (PTAC) ou Roulant (PTRA)❻, ou seulement le poids réel par essieu❼, peuvent être limités

Interdictions diverses :

Signaux sonores interdits. Le panneau d'entrée d'agglomération entraîne automatiquement cette interdiction

L'interdiction peut être signifiée par un texte

❽ ❾ Interdictions d'arrêt❽ et de stationnement❾ (voir p. 268)

DISPOSITIONS LÉGALES EN MATIÈRE DE CIRCULATION ROUTIÈRE L

Prescription : panneaux de fin d'interdiction

Fin générale :

Fin de toutes les interdictions précédemment signalées, imposées aux véhicules en mouvement.

Comme il s'adresse aux véhicules en mouvement, il ne met donc pas fin à une interdiction de stationner ou de s'arrêter.

Diverses fins d'interdiction :

❶ ❷

Fin de dépassement interdit :
→ pour tous les véhicules❶ ;
→ pour les véhicules de transport de marchandises❷ de plus de 3,5 t de PTAC.

Attention, une fin de limitation de vitesse n'autorise pas à dépasser par exemple la vitesse limite de 80 ou 90 km/h sur route à double sens hors agglomération.

Fin d'interdiction de l'usage de l'avertisseur sonore (klaxon).

Fin d'une interdiction précédemment signalée.

Qu'est-ce qu'une zone ?

En agglomération, une zone est délimitée par des panneaux d'entrée et des panneaux de sortie. L'interdiction signalée dans le panneau peut donc concerner une rue, un quartier et parfois la totalité de l'agglomération.

DISPOSITIONS LÉGALES EN MATIÈRE DE CIRCULATION ROUTIÈRE

Prescription : panneaux d'obligation

Implantation :
Comme pour les panneaux d'interdiction, les panneaux d'obligation prennent effet à l'endroit même où ils sont implantés.

Obligations de direction :
Lorsqu'une direction est obligatoire, les autres directions sont alors interdites.

Ces signaux se trouvent à une intersection.
Je tourne avant le panneau.

Je dois continuer tout droit à l'intersection.

Je contourne l'obstacle. Ces signaux se trouvent en tête d'aménagement ou au sol pour contourner des travaux.

Ces panneaux sont placés avant l'intersection.

Je fais en sorte de bien me placer.
Je tourne juste après le panneau.

Signalisation parfois complémentaire à toutes ces obligations.

DISPOSITIONS LÉGALES EN MATIÈRE DE CIRCULATION ROUTIÈRE

Voies réservées et obligatoires :

Lorsqu'une voie est réservée à une catégorie d'usagers, elle est interdite aux autres. De plus, l'arrêt et le stationnement y sont interdits.

 Voie réservée aux véhicules des services réguliers de transport en commun.

 Voie réservée aux tramways.

Ne pas confondre avec un arrêt !

 Piste ou bande obligatoire pour les cycles.

 Chemin obligatoire pour piétons.

 Chemin obligatoire pour cavaliers.

Obligations diverses :

 Chaînes à neige obligatoires sur au moins deux roues motrices. Attention, il n'est guère possible de dépasser 30 km/h sans détériorer la mécanique.

 Vitesse minimale obligatoire.
À ne pas confondre avec une vitesse conseillée 30 ou interdite 30.

 La nature de l'obligation est inscrite dans le panneau.

41

Prescription : panneaux de fin d'obligation

Implantation :
Les fins d'obligation prennent effet à hauteur du signal.

Fin de voies réservées :

Fin des voies réservées à la circulation des usagers concernés.
Je vais rester très attentif à la fin d'une voie réservée, car les usagers reviennent alors sur les voies de circulation. Ils doivent céder le passage mais il est plus prudent de surveiller leur comportement.

Fin d'obligations diverses :

Ce n'est pas une raison pour circuler à une vitesse anormalement réduite !

Attention aux plaques de neige ou de verglas !

Ce panneau de fin d'obligation n'est pas barré afin de bien lire le texte

DISPOSITIONS LÉGALES EN MATIÈRE DE CIRCULATION ROUTIÈRE

 **EN RÉSUMÉ**

✓ Les panneaux de prescription prennent effet à l'endroit même où ils sont implantés. L'effet prend fin à l'intersection suivante ou en présence d'un panneau de fin de prescription.
✓ Les interdictions limitent les accès à des catégories d'usagers, l'exécution de manœuvres, la vitesse, l'arrêt ou le stationnement.
✓ Les obligations sont là pour guider ou imposer des voies à des catégories d'usagers.
✓ Attention aux fins de voies réservées, car les usagers doivent céder le passage avant de circuler sur l'axe principal. Je reste prudent.

✎ MINI ÉVAL

1- Cette signalisation m'indique que je dois contourner la place par la droite :
OUI_____ A ❑
NON_____ B ❑

2- Ce panneau autorise le dépassement des deux-roues :
OUI_____ A ❑
NON_____ B ❑

3- Je dois céder le passage aux usagers circulant en sens inverse :
OUI_____ A ❑
NON_____ B ❑

4- Ce panneau signifie la fin d'interdiction de stationner :
OUI_____ A ❑
NON_____ B ❑

Réponses : 1-A 2-A 3-A 4-B

DISPOSITIONS LÉGALES EN MATIÈRE DE CIRCULATION ROUTIÈRE

Panneaux d'indication

Implantation :

Il existe deux sortes de panneaux d'indication, ceux qui apportent :
- des informations utiles pour les usagers et comportant une règle associée ;
- de simples indications d'infrastructures ou d'aménagements mis à disposition des usagers de la route.

Ces panneaux sont implantés à proximité des lieux et sont souvent annoncés en amont avec un panonceau de distance.
Ils peuvent aussi ne concerner qu'une catégorie d'usagers.

Indications utiles associées à une règle sur des voies :

Vitesses limitées

La vitesse est limitée lorsque le panneau de prescription est inséré dans le panneau d'indication.

Début et fin de vitesse conseillée

La vitesse est seulement conseillée dans le panneau carré.

À l'approche de l'intersection, le panneau indique le schéma des directions : une voie de stockage à gauche ou une voie de sortie à droite.

Réduction du nombre des voies d'une chaussée à sens unique | *Créneau de dépassement* | *Fin de créneau de dépassement* | *Affectation de deux voies dans l'autre sens*

 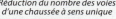

Voies soumises à prescriptions | *Parfois un sens unique reste ouvert en double sens pour une catégorie d'usagers.*
Dans ce cas les voies sont séparées par une ligne continue

DISPOSITIONS LÉGALES EN MATIÈRE DE CIRCULATION ROUTIÈRE

Impasse

Présignalisation d'une impasse

Priorité par rapport à la circulation venant en sens inverse. Mais si un véhicule est déjà engagé sur le pont, je le laisse passer.

Attention, une voie sans issue est une route comme une autre, avec une règle de passage précisée par une signalisation ou par la règle générale de la priorité à droite.

 Impasse comportant une issue pour les piétons.

 Impasse comportant une issue pour les piétons et les cyclistes.

Panneau destiné aux usagers arrivant en sens inverse.

Le passage à niveau est proche de l'intersection et la signalisation de danger se situe alors sur l'axe principal. Si je vais tout droit, je ne suis pas concerné.

Un col peut rester ouvert en période hivernale, sous réserve que le véhicule soit équipé de chaînes.❶
Il peut aussi être fermé, tout en laissant libre accès à une station ou à un village.❷

Indications associées à une règle d'utilisation d'espace particulier :

Arrêt de tramway *Arrêt d'autobus* *Station de taxis* *Station d'autopartage*

L'arrêt et le stationnement sont réservés à la seule catégorie d'usagers désignée par le panneau.

Le stationnement est libre ou réglementé. Même sur un parking libre, le stationnement reste limité à 7 jours.

Le stationnement des caravanes et des autocaravanes (camping-cars) est réglementé. Des emplacements sont alors prévus.

DISPOSITIONS LÉGALES EN MATIÈRE DE CIRCULATION ROUTIÈRE

Ce panneau autorise à s'arrêter à cheval sur le trottoir, sur les emplacements délimités. Sur la photo, le texte est remplacé par un symbole. Attention aux piétons et aux landaus !

Emplacement d'arrêt d'urgence

Seul l'arrêt d'urgence reste autorisé sur cet emplacement (panne, malaise).

Voie de détresse à droite

Cet emplacement signalé par un damier rouge et blanc permet d'arrêter un véhicule en panne de frein dans une descente. Il n'est pas réservé aux seuls véhicules lourds.
L'arrêt ou le stationnement aux abords reste très dangereux !

Voie de détresse à gauche

Indication de position de danger :

Ralentisseur

Passage pour piétons

Traversée de tramways

Dans une résidence, la vitesse est parfois limitée à moins de 30 km/h.

Il arrive parfois que le passage pour piétons soit sur le ralentisseur.

Attention aux rails du tramway, surtout si je circule à deux-roues !

DISPOSITIONS LÉGALES EN MATIÈRE DE CIRCULATION ROUTIÈRE

Indications de réseau routier :

Selon la signalisation complémentaire, je trouverai divers services.
Le bleu concerne l'autoroute❶ et le blanc les routes❷.

Ce panneau précède une sortie ou une bifurcation dont une branche devient à péage. Il me reste ici 1 500 m pour décider de la direction à prendre.

Présignalisation d'une gare de péage

Borne de retrait de ticket de péage

Péage avec guichetier

Péage par carte bancaire

Péage par pièces de monnaie

Télépéage

Péage par abonnement

Début et fin de route à accès réglementé ❸

Début et fin d'autoroute ❹

L'accès de ces deux types de réseaux est réglementé.

La vitesse est limitée à 110 km/h❸ sauf indication contraire.

La vitesse est limité à 130 km/h sur l'autoroute❹.
Seuls les véhicules nécessitant un permis de conduire sont autorisés à circuler.
L'arrêt et le stationnement sont interdits en dehors des aires aménagées.

L — DISPOSITIONS LÉGALES EN MATIÈRE DE CIRCULATION ROUTIÈRE

Aire piétonne :

Début et fin d'aire piétonne

La circulation peut être autorisée pour des livraisons à certaines heures ou pour les riverains.

Bande ou piste cyclable :

Début et fin de bande ou piste conseillée aux cyclistes

Cette voie étant réservée aux cycles à deux ou trois roues, la circulation, l'arrêt et le stationnement des autres véhicules y sont donc interdits.

Zone de rencontre :

Les piétons sont prioritaires et n'ont pas l'obligation de circuler sur les trottoirs, la vitesse des véhicules motorisés est limitée à 20 km/h et les cyclistes sont autorisés à circuler dans les deux sens.

Voie verte :

Voie réservée à la circulation des piétons et des véhicules non motorisés. La circulation des cavaliers peut y être autorisée et signalée par un panonceau.

Indication d'un sens unique :

Il existe des règles particulières pour la circulation à sens unique :

➔ Possibilité de stationner ou de s'arrêter à gauche.

➔ Se positionner à gauche de la chaussée pour tourner à gauche.

Information particulière :

L'information est double.
Ne pas provoquer un feu en jetant un mégot ou une allumette, et ne pas s'engager si un feu s'est déclaré.

Risque d'incendie

DISPOSITIONS LÉGALES EN MATIÈRE DE CIRCULATION ROUTIÈRE

📋 EN RÉSUMÉ

✓ Les panneaux d'indication à fond bleu comportent tous une règle qui leur est associée : position, vitesse ou encore règle relative au stationnement.
✓ Les panneaux déterminent aussi des routes ou des voies réglementées.
✓ Les indications positionnent aussi un danger : passage piétons, ralentisseur ou tramways.

✏️ MINI ÉVAL

1- L'accès à cette rue m'est interdit :
OUI _____ A ❑
NON _____ B ❑

2- Je pourrai profiter de cet emplacement pour :
stationner
OUI _____ A ❑   NON _____ B ❑
déposer un passager
OUI _____ C ❑   NON _____ D ❑

3- La voie de droite est :
une bande d'arrêt d'urgence _____ A ❑
                ou
une voie de détresse _____ B ❑

4- Dans le guichet de cette station, je peux payer :
par carte bancaire
OUI _____ A ❑   NON _____ B ❑
par télépéage
OUI _____ C ❑   NON _____ D ❑

Réponses : 1-B 2-BD 3-B 4-AC

L — DISPOSITIONS LÉGALES EN MATIÈRE DE CIRCULATION ROUTIÈRE

Indications d'installations et de services :

Je vais plus particulièrement trouver ces panneaux dans les tunnels.

Poste d'appel d'urgence — Moyen de lutte contre l'incendie — Issue de secours vers la droite — Issue de secours vers la gauche

Poste de secours

Ce panneau indique un poste ponctuel sur un axe routier ou un accès aux urgences hospitalières.

Cabine téléphonique publique

Même s'il en reste aujourd'hui très peu, je peux aussi contacter des secours à partir de ce poste. L'appel est gratuit et ne nécessite pas de pièces de monnaie, ni de carte téléphonique.

FM 107.7

Fréquence de radio d'informations routières et de l'état des routes. Je vais plus particulièrement trouver ces panneaux sur les grands axes routiers, notamment sur les autoroutes.

Indications touristiques :

Informations touristiques — Emplacement pour pique-nique — Auberge de jeunesse — Gîte ou chambre d'hôtes — Hôtel ou motel ouvert 7/7j et 24/24h — Offres diverses — Produits Régionaux

❶ ❷ ❸

Terrain recevant les tentes seules❶, ou caravanes et autocaravanes seules❷, ou les trois❸

DISPOSITIONS LÉGALES EN MATIÈRE DE CIRCULATION ROUTIÈRE

Indications d'activités de loisir :

En passant à proximité, je reste vigilant du fait de la présence de piétons qui peuvent pratiquer leur activité de loisir.

Point de vue

❶

❷

❸

❹

❺

Points de départ de diverses installations : téléphérique❶, télésiège❷, piste de fond❸, mise à l'eau d'embarcation❹, point de départ d'un itinéraire pédestre❺

Jeux d'enfants

Point de détente

Ces deux panneaux sont souvent présents sur les aires de repos des autoroutes.

Indications de services :

Tous ces services sont accessibles 7/7j et 24/24h.
Certains sont gratuits.

Distribution de carburant, dont GPL

Parc de stationnement sous vidéosurveillance.

Poste de dépannage

Station de vidange pour caravanes, autocaravanes et cars

Station de gonflage, hors station-service, dont l'usage est gratuit

Gare auto/train

Embarcadère

Restaurant

Boissons et restauration légère

Distributeur de billets de banque

Toilettes publiques

Accessibilité aux personnes à mobilité réduite

DISPOSITIONS LÉGALES EN MATIÈRE DE CIRCULATION ROUTIÈRE

Panneaux de localisation

Implantation :
Ces panneaux servent à se repérer sur les lieux rencontrés.

Découpage administratif :
L'entrée dans un État oblige à se conformer à la réglementation en vigueur dans celui-ci :
- Vitesse limitée à 50 km/h en agglomération,
- Vitesse limitée à 80 km/h sur route hors agglomération,
- 130 km/h sur autoroute.
Tous les états européens n'ont pas la même réglementation.

Territoire

Région

Département

COURPIÈRE

Entrée et sortie d'agglomération

Lieu-dit
J'adapte ma vitesse !

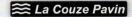
Cours d'eau
Attention à l'hiver et à la formation de plaques de verglas !

Aires :
Le camping et le stationnement peuvent être réglementés afin de permettre une vie sauvage sans gêne de l'homme !

Les aires de repos permettent les pauses et les pique-niques.

Parcs naturels et commune associée

Entrée et sortie d'aire de repos sur route

Entrée et sortie d'aire de repos d'autoroute

DISPOSITIONS LÉGALES EN MATIÈRE DE CIRCULATION ROUTIÈRE

EN RÉSUMÉ

✓ Les panneaux d'indication à fond blanc donnent seulement des informations utiles pour les usagers de la route.
✓ Il s'agit de panneaux liés aux secours, au tourisme, aux services ou aux loisirs.
✓ Certains panneaux de localisation sont liés à des prescriptions, des limitations particulières de vitesse ou des règles spécifiques de stationnement.

MINI ÉVAL

1- Ce panneau annonce :
- un emplacement d'arrêt d'urgence _____ A ❑
- un stationnement autorisé _____ B ❑

2- Le signal annonce :
- un hôtel _____ A ❑
- un gîte _____ B ❑
- une chambre d'hôtes _____ C ❑
- une colonie de vacances _____ D ❑

3- Ce panneau indique un ravitaillement en carburant accessible :
- 7/7j
OUI _____ A ❑   NON _____ B ❑
- 24/24h
OUI _____ C ❑   NON _____ D ❑

4- La signalisation indique :
- un lieu-dit _____ A ❑
- une rivière _____ B ❑
- un site touristique _____ C ❑

Réponses : 1-A   2-BC   3-AC   4-B

DISPOSITIONS LÉGALES EN MATIÈRE DE CIRCULATION ROUTIÈRE

Directions selon les réseaux

Les couleurs de panneaux

Les couleurs utilisées pour les panneaux de direction servent à différencier les réseaux ou les itinéraires.

Le cartouche rouge ❶ situé au-dessus du panneau identifie une route nationale (N122). Le cartouche jaune ❷ situé à droite identifie une route départementale (D133).

Les panneaux sont classés par ordre d'importance de haut en bas :
- bleus pour le réseau autoroutier ;
- verts pour le réseau des villes importantes ;
- blancs pour le réseau local ;
- jaunes pour la signalisation temporaire, bis ou de substitution « S ».

Quelques exemples d'inclusion d'idéogrammes dans les panneaux de direction :

Direction d'autoroute, conseillée pour les poids lourds.

Itinéraire bis.

Itinéraire conseillé et itinéraire interdit aux transports de matières polluantes et aux caravanes.

DISPOSITIONS LÉGALES EN MATIÈRE DE CIRCULATION ROUTIÈRE — L

Avant / Pendant / Après :

Les signaux de direction sont implantés afin de prendre en charge l'usager assez tôt et le mener sans hésitation là où il désire se rendre.
- une présignalisation quelques centaines de mètres avant ;
- une signalisation avancée juste avant le changement de direction ;
- une signalisation de position à l'endroit même du changement de direction ;
- après le changement de direction un panneau confirme la direction prise.

Exemples de mise en situation :

◀ Bien avant ▶

Carrefour giratoire

Voie de stockage à droite pour tourner à gauche

◀ Un peu avant C'est là ! ▶

Avec affectation de voie

Avec voie de décélération

◀ C'est maintenant ! C'est la bonne route ▶

Position

Confirmation de direction

Sortie et bifurcation

Il existe deux types d'aménagement :

Quel que soit le réseau (autoroute ou 2x2 voies), les principes d'information des directions sont les mêmes. Seules les couleurs des panneaux changent.
Une bifurcation s'applique à une autoroute qui se sépare en deux autoroutes.
Une sortie c'est la même chose, hormis le fait qu'une branche n'est pas autoroutière.

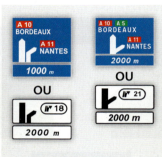

L'une des voies de la chaussée devient une voie de sélection. Il faut donc se placer dans sa voie dès la présignalisation, quelques centaines de mètres avant. Les flèches représentent les voies concernées.

Ce panneau annonce la proximité d'une bifurcation d'autoroutes.

Une voie de décélération permet de rejoindre une bretelle de sortie. Un ralentissement s'impose sur cette voie...
Et parfois avant lorsqu'un panneau est placé au début.

Une autoroute peut périodiquement connaître des surcharges. Dans ce cas un itinéraire de substitution (itinéraire S) permet de doubler ce réseau en empruntant une autre route.

Le numéro sert à localiser l'échangeur. Il est souvent suivi d'une indication de distance.

DISPOSITIONS LÉGALES EN MATIÈRE DE CIRCULATION ROUTIÈRE — L

Exemples d'implantation de la signalisation selon l'aménagement :

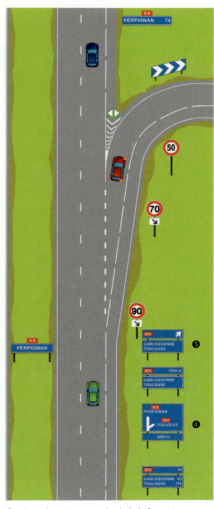

Bifurcation d'autoroutes avec affectation de voies :

Bifurcation d'autoroutes avec voie de décélération :

❶ Annonce de la bifurcation
❷ Avertissement de la bifurcation
❸ Présignalisation des voies affectées
❹ Signalisation avancée de la bifurcation
❺ Confirmation de la direction

DISPOSITIONS LÉGALES EN MATIÈRE DE CIRCULATION ROUTIÈRE

Sortie d'autoroute avec affectation de voies :

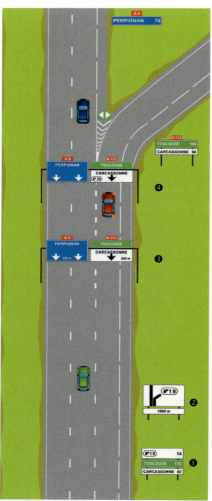

Sortie d'autoroute avec voie de décélération :

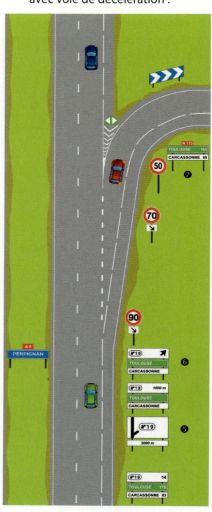

❶ Annonce de la sortie
❷ Avertissement de la sortie
❸ Présignalisation des voies affectées
❹ Présignalisation de la sortie
❺ Signalisation avancée de la sortie
❻ Confirmation de la direction
❼ Confirmation de la direction choisie

DISPOSITIONS LÉGALES EN MATIÈRE DE CIRCULATION ROUTIÈRE

EN RÉSUMÉ

✓ Les panneaux d'indication sont classés en deux catégories : simple indication et indication associée à une règle de comportement.
✓ Chaque panneau du réseau routier possède une couleur définie : le bleu, le vert, le blanc ou le jaune.
✓ En règle générale, sur les réseaux fréquentés, la signalisation s'effectue en quatre temps : bien avant en annonce, à proximité en présignalisation, en position, puis en confirmation.
✓ Lorsqu'il y a des flèches, elles concernent les voies qui sont en dessous.

MINI ÉVAL

1- Je circule sur un itinéraire S de substitution :
OUI_____A ❑
NON_____B ❑

2- Ce panneau bleu confirme les directions de cette autoroute :
OUI_____A ❑
NON_____B ❑

3- Les panneaux de direction de couleur verte indiquent seulement les villes préfectures de département :
OUI_____A ❑
NON_____B ❑

4- Ce panneau annonce :
une bifurcation_____A ❑
ou
une confirmation de direction_____B ❑

Réponses : 1-B 2-A 3-B 4-B

DISPOSITIONS LÉGALES EN MATIÈRE DE CIRCULATION ROUTIÈRE

Marquages au sol

Principalement composée de lignes, la signalisation horizontale sert à guider l'usager dans sa voie. Et tout comme pour les panneaux ces marquages au sol sont liés à des règles précises ; elles concernent le chevauchement et le franchissement d'une ligne ou l'arrêt et le stationnement.

Le **blanc** est la couleur principale.
Le **jaune** concerne la signalisation temporaire, l'arrêt et le stationnement.
Le **bleu** délimite le stationnement en zone bleue à durée limitée.
Le **rouge** apparaît dans des damiers et le **vert** est souvent utilisé pour ce qui concerne la circulation des cyclistes.
Les lignes sont parfois sonores (vibreurs) afin d'éveiller l'attention sur un écart de trajectoire.

Deux principes fondamentaux :

- la ligne est continue, on ne peut ni la chevaucher ni la franchir ;
- la ligne est discontinue, on peut sous certaines conditions de sécurité la chevaucher ou la franchir.

Une ligne continue❶ est infranchissable, hormis pour contourner un obstacle sur la route (véhicule en panne, inondation, objet tombé) ou pour effectuer le dépassement d'un cycle, si la visibilité est suffisante.

La ligne de dissuasion❷ se trouve sur une route étroite et sinueuse, en remplacement d'une ligne continue. Sur ce type de routes, il peut être dangereux de chercher à dépasser un véhicule roulant à 70 ou 80 km/h, alors que le dépassement d'un tracteur agricole ou d'un camion très lent, ne demandant que quelques secondes, est sans aucun danger.

Franchir une ligne discontinue❸ revient à changer de voie. Avant ce changement, vous devez vous assurer que cette manoeuvre est sans danger !

Lorsque la ligne est large, elle délimite une voie réservée à certains usagers (bus, cyclistes, véhicules lents).

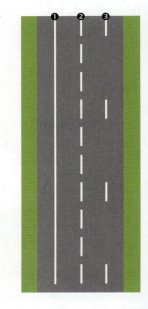

DISPOSITIONS LÉGALES EN MATIÈRE DE CIRCULATION ROUTIÈRE   L

Les lignes de guidage sur la route :

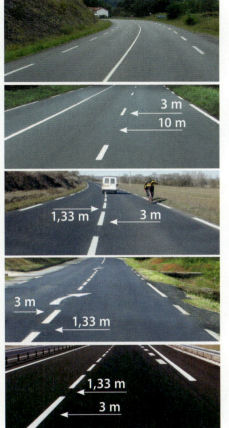

Ligne continue :
Ne pas chevaucher ni franchir !
Sauf obstacle, travaux ou cycliste.

Ligne discontinue de délimitation des voies :
Elle autorise les dépassements.

Attention, elles se ressemblent mais ne signifient pas la même chose !

Ligne de dissuasion de dépasser :
Permet de dépasser seulement les véhicules très lents. Elle n'est présente que sur les voies étroites et sinueuses !

Ligne d'annonce de ligne continue :
Accompagnée de trois flèches de rabattement, elle est aussi appelée ligne d'avertissement.

Ligne de dissuasion de sortie :
Cette ligne interdit seulement de passer brutalement de la voie de gauche vers la sortie. Il reste possible d'entreprendre un dépassement.

Lignes accolées mixtes :
Les usagers qui ont la ligne continue de leur côté ne peuvent pas chevaucher ni franchir celle-ci.

je ne peux pas

je peux !

DISPOSITIONS LÉGALES EN MATIÈRE DE CIRCULATION ROUTIÈRE

Les lignes de rive de la route

Classique :
Elle délimite l'accotement de part et d'autre de la chaussée.

Continue :
Elle interdit le franchissement pour un arrêt ou un stationnement par exemple.

Continue à gauche :
Si elle est permanente, elle confirme que la chaussée est à sens unique.

Intersection :
Elle localise l'infrastructure de l'intersection aménagée, avant et après.

Bande d'arrêt d'urgence :
Elle est réservée exclusivement à l'urgence (panne, malaise, véhicules de secours). En circulation à la vitesse de 130 km/h, laissez entre vous et le véhicule qui vous précède une distance de sécurité équivalente à 2 traits et 1 espace de la bande d'arrêt d'urgence.

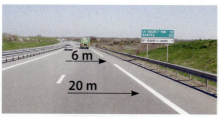

sur les bretelles de raccordement

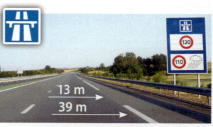

sur autoroute ou route à chaussées séparées

DISPOSITIONS LÉGALES EN MATIÈRE DE CIRCULATION ROUTIÈRE

Les voies ou bandes réservées

En règle générale, ces lignes sont plus épaisses que les autres lignes de la chaussée. La circulation, l'arrêt et le stationnement y sont interdits. De plus, je dois céder le passage avant de les couper pour tourner. À la fin d'une voie réservée, leurs usagers doivent céder le passage.

Voie de bus :
Un damier blanc marque le passage d'autobus aux intersections.

Bande cyclable :
Parfois cette ligne est doublée d'un marquage vert afin de bien faire la différence.

Voie réservée aux véhicules lents :
Tous les véhicules, même légers, doivent l'emprunter lorsque leur vitesse est inférieure ou égale à 60 km/h.

Les lignes de voies diverses

Voie de stockage :
Généralement placée dans le milieu de la chaussée, elle sert à attendre sans gêner avant de tourner à gauche.

Accélération :
C'est une voie d'insertion prévue pour se lancer sans gêner les autres usagers. Il faut céder le passage à l'axe principal !

Décélération :
Je ralentis lorsque je suis dans la voie. Mais parfois une limitation de vitesse m'impose de ralentir avant d'y être totalement entré.

Entrecroisement :
Elle permet l'échange entre ceux qui s'insèrent et ceux qui quittent l'axe principal.

Les flèches

Les flèches servent à choisir sa position sur la voie, on les appelle flèches de sélection ou de présélection. Elles peuvent aussi inciter à modifier la trajectoire pour revenir à droite ou à gauche. Dans ce cas, on les appelle flèches de rabattement. En général, il y en a trois successives afin de laisser le temps et l'espace pour se placer.

Directionnelle :
Je me place si possible dans la voie correspondant à ma direction dès la première flèche.

Bi-directionnelle :
Elle indique deux directions❶ (parfois trois).

Rabattement :
Les trois flèches sont incluses dans une ligne d'avertissement de ligne continue.

Dans ce sens, les flèches de rabattement ne me concernent pas !

Réduction du nombre de voies :
La voie de gauche est supprimée après la troisième flèche.

Fin de voie :
La voie de droite est supprimée après la troisième flèche.

DISPOSITIONS LÉGALES EN MATIÈRE DE CIRCULATION ROUTIÈRE — L

Autres marquages au sol

Il s'agit des passages pour piétons, de la position d'un ralentisseur, de lignes d'effets, de zébras, de voies de détresse, de symboles divers...

Passages pour piétons :
Ce sont de larges bandes blanches en travers de la chaussée. Ils sont parfois positionnés sur un ralentisseur.

Ralentisseur :
Ce marquage en position doit être franchi à vitesse réduite, en général à 30 km/h maximum, parfois moins.

Ligne d'effet d'un stop :
La ligne positionne l'endroit où marquer l'arrêt. L'aplomb de la voiture ne doit pas dépasser.

signal de position   signal avancé

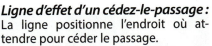

Ligne d'effet d'un cédez-le-passage :
La ligne positionne l'endroit où attendre pour céder le passage.

signal de position   signal avancé

DISPOSITIONS LÉGALES EN MATIÈRE DE CIRCULATION ROUTIÈRE

Ligne d'effet d'un feu :
C'est l'endroit où s'arrêter au feu rouge❶. Parfois un espace❷ (sas cycliste) avant cette ligne est réservé pour les vélos et cyclomoteurs ; je reste à ma place❸ !

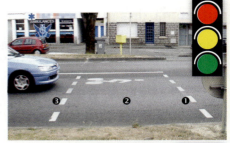

Voie de détresse :
Cette voie très visible sert à arrêter tout véhicule ayant un problème de freinage à l'extrémité. Elle permet d'arrêter le véhicule sur un lit de sable ou de gravier.

L'abord est dangereux :
je ne m'y arrête jamais !

Poste d'appel de secours :
Le symbole indique la direction à prendre pour rejoindre le poste le plus proche.

Zébras :
Il servent à délimiter une zone où la circulation, l'arrêt et le stationnement sont interdits. Ils peuvent séparer les sens de circulation ❹ ou précéder une séparation de voies ❺ ou encore signaler un espace pour tourner à gauche ❻.

DISPOSITIONS LÉGALES EN MATIÈRE DE CIRCULATION ROUTIÈRE

EN RÉSUMÉ

✓ Les marquages au sol servent à guider les usagers. Plus les traits sont rapprochés, moins on peut franchir les lignes.
✓ La couleur est blanche, hormis le marquage temporaire, ou relatif à l'arrêt ou au stationnement, qui est jaune.
✓ Une ligne de dissuasion ne se trouve que sur une route étroite et sinueuse.
✓ Les lignes larges délimitent une voie réservée.

MINI ÉVAL

1- Pour dépasser un deux-roues à moteur, je peux chevaucher la ligne :
OUI_____A ☐
NON_____B ☐

2- Je peux dépasser :
OUI_____A ☐
NON_____B ☐

3- Je circule sur une route :
à sens unique_____A ☐
ou
à double sens de circulation_____B ☐

4- Une panne mineure m'oblige à circuler en dessous de 60 km/h. Je suis bien placé :
OUI_____A ☐
NON_____B ☐

Réponses : 1-B 2-B 3-A 4-A

DISPOSITIONS LÉGALES EN MATIÈRE DE CIRCULATION ROUTIÈRE

Feux de signalisation

Fonctionnement normal

Les feux servent à attirer l'attention sur un lieu ou à régler un ordre de passage. On les trouve particulièrement aux intersections, mais ils peuvent aussi gérer le passage des piétons ou encore une sortie de caserne de pompiers.

Ils sont annoncés hors agglomération, et en agglomération lorsque la situation l'exige, par un panneau de danger.

Je suis autorisé à passer mais je ralentis. J'ai le pied devant le frein et je contrôle de chaque côté et derrière moi. Toutefois, si l'intersection est encombrée, je ne m'engage pas.

Si le jaune s'allume, je m'assure que je peux m'arrêter sans danger. C'est un signal d'arrêt ! Il dure 3 secondes en agglomération.
Je tiens compte de la proximité des usagers qui me suivent.

Au rouge, je m'arrête à l'aplomb du signal, toujours avant un passage pour piétons ou au niveau de la ligne d'effet au sol.

Il arrive parfois que le bloc de feux soit placé en horizontal.

Un répétiteur (croix grecque) peut être placé au dos du feu en face lorsque les phases sont décalées. Cela nous permet de tourner à gauche sans céder le passage en face.

Symboles

Les feux contenant un symbole ne s'adressent qu'aux usagers désignés.

 Seuls les bus sur la voie réservée sont concernés.

 Seuls les cycles et les cyclomoteurs sont concernés.

 Autorisation du franchissement du feu pour les cyclistes qui souhaitent tourner à droite, sous réserve de passer avec prudence.

DISPOSITIONS LÉGALES EN MATIÈRE DE CIRCULATION ROUTIÈRE

Cas particuliers des feux

Les flèches :

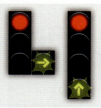

La flèche jaune clignotante accolée au feu rouge autorise le passage dans la direction de la flèche (à droite, à gauche, ou tout droit) à la condition de céder le passage aux autres usagers et aux piétons.

Les feux en forme de flèche concernent les directions indiquées. Ils sont placés près des voies ou sur un portique juste au dessus.

Les feux jaunes clignotants :
S'il n'existe aucun panneau associé, je cède le passage à droite.

Le feu jaune clignotant en remplacement du feu vert autorise le passage avec une extrême prudence. C'est un feu permanent qui passe du jaune clignotant en bas au jaune fixe au milieu, puis au rouge.

Lorsque le feu jaune du milieu clignote, il signifie que le déroulement normal des feux est temporairement arrêté.

Si les feux ne fonctionnent pas, je respecte l'ordre de passage, de la même façon que si le feu était clignotant au milieu.
Dans tous les cas où le feu jaune clignote, si des panneaux de priorité sont placés sur les jeux, j'applique alors l'ordre de priorité correspondant au panneau. A défaut, je respecte la priorité à droite.

Les piétons

Ces feux concernent les piétons. Ils sont parfois utiles pour se préparer à redémarrer.

Un signal lumineux❷ peut rappeler qu'il faut céder le passage aux piétons lorsqu'on tourne.

DISPOSITIONS LÉGALES EN MATIÈRE DE CIRCULATION ROUTIÈRE

Autres feux

Les feux peuvent être utilisés en dehors d'un bloc de feux tricolores.

Feux bicolores aux péages d'autoroute, de parking...
Le rouge impose l'arrêt.
Le vert ouvre le passage.

Feu rouge clignotant pour ordonner l'arrêt.
Seul ou couplé, le feu rouge clignotant impose l'arrêt. Je peux en trouver aux passages à niveau, à l'approche d'une piste d'aérodrome ou encore à l'entrée ou dans un tunnel.

Feu jaune clignotant pour attirer l'attention et faire ralentir.
Les feux clignotants jaunes attirent l'attention sur un lieu particulièrement dangereux. Je ralentis pour adapter ma vitesse.

Les feux d'affectation des voies ouvrent et ferment les voies à la circulation. Je les trouve au niveau des péages d'autoroute, à l'entrée et dans les tunnels, ainsi que sur des ponts de grande portée.

Voie fermée

Voie ouverte

Changer de voie du côté de la flèche

DISPOSITIONS LÉGALES EN MATIÈRE DE CIRCULATION ROUTIÈRE — L

Signalisation temporaire

La signalisation temporaire reprend certains panneaux et le marquage au sol, avec pour couleur de fond le jaune. Le rouge est aussi utilisé pour les balises. La signalisation temporaire remplace la signalisation courante même si celle-ci n'est pas recouverte.
Attention au personnel au travail !

Les panneaux de danger

Ils annoncent un changement intervenu sur la route. Cela peut concerner l'état de la chaussée, la présence de travaux, ou un événement ponctuel comme un accident ou un bouchon.

Cassis, dos d'âne

Chaussée rétrécie

Chaussée glissante

Travaux

Autres dangers.
La nature du danger peut ou non être précisée par un panonceau.

Annonce de signaux lumineux réglant la circulation.

Projection de gravillons

Bouchon

Accident

Annonce de nappes de brouillard ou de fumées épaisses.

Les balises

Elles sont en appui de la signalisation et jalonnent des cheminements.

Barrages.
Signalisation de position de travaux ou de tout autre obstacle à caractère temporaire

Signal de position d'une déviation ou d'un rétrécissement temporaire de chaussée

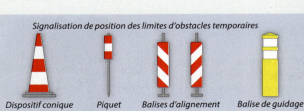

Signalisation de position des limites d'obstacles temporaires

Dispositif conique — Piquet — Balises d'alignement — Balise de guidage

DISPOSITIONS LÉGALES EN MATIÈRE DE CIRCULATION ROUTIÈRE

Les indications

Ces panneaux informent sur l'accessibilité d'une route et sur les trajectoires ou directions à prendre.

Indication de chantier important ou de situations diverses

Présignalisation de changement de chaussée ou de trajectoire

Affectation de voies

Annonce de la réduction du nombre des voies laissées libres à la circulation sur routes à chaussées séparées

Direction de déviation avec mention de la ville

Direction de déviation

Présignalisation de déviation

Présignalisation

Présignalisation de l'origine d'un itinéraire de déviation

Confirmation de déviation

Fin de déviation

Feux de balisage et d'alerte

Dév. 2
Utilisé pour différencier le jalonnement de plusieurs itinéraires de déviation qui se croisent

Déviation
ÉPENON
FROZAY

suivre:
Dév. 2

Signalisation complémentaire d'un itinéraire de déviation

La signalisation embarquée

Des hommes sont au travail à proximité ou sur la chaussée. Attention, il peut exister des radars de chantiers qui vérifient si la vitesse est respectée dans la zone.

DISPOSITIONS LÉGALES EN MATIÈRE DE CIRCULATION ROUTIÈRE **L**

Le passage alterné

Il peut être réalisé avec un personnel de chantier, tenant des panneaux, ou par des feux automatisés.

Annonce de la circulation alternée :
Un panneau d'indication ou de danger.

Face rouge :
Je m'arrête.

Face verte :
Je passe à vitesse réduite.

Feu rouge :
Je m'arrête.

Vert ou jaune clignotant en bas :
Ma voie est ouverte et je ne m'engage que si la circulation en face a terminé de passer. Je circule avec prudence.

Jaune clignotant au milieu :
Les deux sens de circulation sont ouverts mais les travaux existent. Je passe avec prudence.

Passage alterné :
Il arrive parfois que l'alternat des voies en travaux s'effectue avec cette signalisation.

DISPOSITIONS LÉGALES EN MATIÈRE DE CIRCULATION ROUTIÈRE

Le marquage au sol

Le marquage au sol annule et remplace le marquage blanc qui est en place. Bien souvent, le marquage blanc est alors effacé.

Les lignes jaunes signifient la même chose que les lignes blanches.

Je dois toujours adapter mon allure du fait des travaux et de la présence de personnel au travail.

Pour assurer la sécurité des personnels en intervention, il y a obligation pour tout conducteur de s'écarter, en changeant de voie ou en demeurant dans sa voie, à l'approche d'un véhicule immobilisé ou en intervention faisant usage de feux spéciaux ou de feux de détresse sur la route ou en bord de route.

Le non-respect de cette obligation est sanctionné d'une amende prévue pour les contraventions de la quatrième classe. Attention aux projections de gravillons !

Flèche lumineuse d'urgence ou de rabattement ❿

Balises de guidage ❶
Zébra ❷
Rétrécissement de la chaussée ❸
Changement de voie ❹
Contournement d'obstacle ❺
Vitesse limitée à 30 Km/h ❻
Travaux ❼
Réduction du nombre de voies ❽
Ligne de rive continue ❾

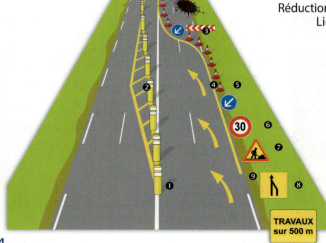

DISPOSITIONS LÉGALES EN MATIÈRE DE CIRCULATION ROUTIÈRE

EN RÉSUMÉ

✓ Les feux servent à attirer l'attention et à gérer l'ordre de passage des usagers.
✓ Dans tous les cas, le rouge impose l'arrêt, le jaune incite à s'arrêter et le vert ouvre la voie à la circulation.
✓ La signalisation temporaire prévaut sur toute autre signalisation. Elle est principalement à fond jaune. Le balisage est alors rouge et blanc.

MINI ÉVAL

1- Lorsque ce feu s'allume, il est :
rouge _____ A ❏
 ou
jaune _____ B ❏

2- Je peux suivre ce véhicule :
OUI _____ A ❏
NON _____ B ❏

3- Je dois tenir compte :
- du feu uniquement _____ A ❏
- du panneau uniquement _____ B ❏
- du feu et du panneau _____ C ❏

4- Ce panneau est temporaire :
OUI ____ A ❏   NON _____ B ❏
Il signale un risque de verglas :
OUI ____ C ❏   NON _____ D ❏

Réponses : 1-A   2-A   3-A   4-AD

ÉVALUATION

1- J'habite à cet endroit.
Je peux emprunter cette voie :
OUI _____ A ❏
NON _____ B ❏

2- Ce signal peut être normalement placé à proximité :
- d'une école _____ A ❏
- d'un centre aéré _____ B ❏
- d'une colonie de vacances _____ C ❏
- d'un passage piétons _____ D ❏

3- Ce panneau m'annonce :
- un cours d'eau _____ A ❏
- un lieu-dit _____ B ❏
- une réserve naturelle _____ C ❏

4- Les balises signalent :
un virage _____ A ❏
ou
une intersection _____ B ❏

5- J'entre dans une zone à vitesse limitée appelée « zone 30 » :
OUI _____ A ❏
NON _____ B ❏

ÉVALUATION L

6- Le dépassement est interdit :
sur 500 m_____A ❑
 ou
à 500 m_____B ❑

7- En circulation normale, je suis bien placé :
OUI_____A ❑
NON_____B ❑

8- Je tracte une caravane.
Je tourne à droite :
OUI_____A ❑
NON_____B ❑

9- Je suis la trajectoire imposée par :
les lignes blanches_____A ❑
 ou
les lignes jaunes_____B ❑

10- Ces signaux annoncent :
- un endroit fréquenté par des enfants____A ❑
- la position d'un passage pour piétons____B ❑
- un cassis ou dos-d'âne_____C ❑
- un ralentisseur _____D ❑

Réponses : 1-A 2-ABC 3-A 4-B 5-B 6-A 7-B 8-A 9-B 10-BD

DISPOSITIONS LÉGALES EN MATIÈRE DE CIRCULATION ROUTIÈRE

Types d'intersections

En premier lieu, il faut définir ce qu'est une intersection.
Ce sont des routes venant de directions différentes qui se croisent au même niveau.

Il existe ensuite plusieurs cas de figures d'intersections. Attention ! La rue la plus large ne bénéficie pas forcément d'une priorité de passage.

Intersection en croix :

C'est le cas de figure classique de la plupart des intersections.
Le danger vient de gauche comme de droite.

Intersection en T :

Une seule branche se raccorde à une route. Attention si je débouche de la branche du bas !
Le danger vient de gauche comme de droite.

Bifurcation :

C'est la séparation d'une route en deux.

Intersection en jonction :

Ce sont deux routes qui se rejoignent pour n'en faire qu'une.

Intersection en rond-point :

Elle sert à faire ralentir et à fluidifier la circulation.

DISPOSITIONS LÉGALES EN MATIÈRE DE CIRCULATION ROUTIÈRE   L

Du fait que des routes se coupent, l'intersection est donc un lieu dangereux où je dois :
- repérer l'intersection suffisamment tôt ;
- ralentir selon la visibilité alentour ;
- comprendre l'ordre de passage ;
- observer le comportement des autres.

Repérer :
Les intersections ne sont pas toujours visibles dans l'environnement. Une trouée dans la végétation ou dans l'alignement des arbres peut être un indice. Les balises servent à les voir de loin de jour comme de nuit. J'avertis alors à l'avance avec le clignotant si je change de direction.

Ralentir :
Selon la visibilité sur l'ensemble de l'intersection et sur les routes qui croisent mon axe, je vais ralentir. Si nécessaire, je place au moins le pied devant le frein, en protection.

Comprendre :
Rapidement, je cherche à savoir comment se croisent les voies, comment appliquer l'ordre de passage et comment me placer selon la direction que je vais suivre.

Observer :
J'observe les usagers, leur vitesse, leurs placements, leurs intentions de direction. J'essaie de voir dans leur comportement s'ils m'ont vu et s'ils prennent en compte ma présence.

DISPOSITIONS LÉGALES EN MATIÈRE DE CIRCULATION ROUTIÈRE

Régime des passages

La « priorité » n'est pas un droit !
En intersection, il existera toujours un ordre de passage des usagers !
Voici les deux règles que je dois observer en toutes circonstances :
- il faut considérer qu'un usager doit céder le passage à un autre usager ;
- jamais je n'impose donc mon droit de passage, mais je vérifie toujours qu'on me cède le passage.

Cas Général

Sans panneau d'intersection :
Je cède le passage aux usagers qui arrivent à ma droite ! Les usagers qui arrivent par la gauche cèdent le passage à ceux qui arrivent à leur droite. On l'appelle communément la « priorité à droite », mais si je viens de la droite, je contrôle d'abord à ma gauche qu'on me laisse passer.

Avec panneau d'intersection :
Cette croix rappelle l'application du cas général. Les panneaux d'intersections sont pour la plupart de forme triangulaire, ce qui signifie avant toute chose un DANGER ! Ils imposent l'adaptation de l'allure.

Dans les cas ci-dessous, qui passe ?

❶ La jaune laisse passer la bleue
❷ La jaune laisse passer la bleue
❸ C'est la courtoisie de chacun qui solutionne cette situation.

DISPOSITIONS LÉGALES EN MATIÈRE DE CIRCULATION ROUTIÈRE

Priorité de passage

Il existe deux types de panneaux désignant le ou les carrefours protégés par des panneaux de cédez-le-passage ou des stops.

La flèche barrée ou « priorité ponctuelle » :
L'intersection que je vais rencontrer est protégée. Je vérifie cependant qu'on me cède le passage.

Début et fin de route à caractère prioritaire :
Le premier panneau signifie que toutes les intersections que je vais rencontrer sont protégées.
Le deuxième panneau signifie que le statut à caractère prioritaire de la route prend fin. Ce dernier n'indique en rien le régime des passages dans les intersections suivantes.
Je reste très vigilant.

➜ Hors agglomération :
Ce panneau est répété après chaque intersection et tous les 5 km.

➜ En agglomération :
Ce panneau est répété juste avant chaque intersection ou sur un bloc de feux tricolores.

➜ En entrée d'agglomération :
La route garde son statut durant la traversée de l'agglomération.

➜ En jonction de route rapide ou d'autoroute, l'une des branches peut conserver ou perdre son statut de caractère prioritaire.

DISPOSITIONS LÉGALES EN MATIÈRE DE CIRCULATION ROUTIÈRE

Céder le passage seulement :
Hors agglomération, le panneau est précédé par une présignalisation placée 150 m avant l'intersection.

S'arrêter et céder le passage :
Hors agglomération, le panneau est précédé par une présignalisation placée 150 m avant l'intersection.

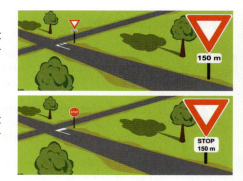

Précisions importantes

Céder le passage signifie :
→ ne pas faire ralentir l'autre usager ;
→ ne pas faire modifier la trajectoire de l'autre usager.

Lorsqu'il y a un arrêt à effectuer, il doit durer au moins le temps de regarder par deux fois autour de soi. Il doit être complet, les roues bien immobilisées.

Ligne d'effet du Cédez-le-passage :
Si je dois m'arrêter, je le fais à l'aplomb de la ligne.

Ligne d'effet du Stop :
Je dois marquer un temps d'arrêt à l'aplomb de la ligne.

Attention aux divers aménagements des carrefours ! Parfois je dois céder le passage à gauche et en face ❶ ou à droite et en face ❷.

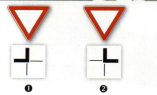

DISPOSITIONS LÉGALES EN MATIÈRE DE CIRCULATION ROUTIÈRE

Deux sortes de giratoires

Définition du rond-point :
Un rond-point, ou un carrefour giratoire, est à la fois un carrefour, car plusieurs routes arrivent sur celui-ci, et une chaussée en anneau. Il peut y avoir plusieurs voies circulaires à l'intérieur.
Tous les ronds-points répondent à deux objectifs :
→ faire ralentir la circulation ;
→ favoriser les échanges de directions.

 Il va donc de soi qu'on entre dans un rond-point à vitesse réduite, soit entre 30 et 50 km/h selon l'aménagement. Jamais au-delà de cette vitesse ! Et parfois bien moins vite…

Les ronds-points classiques :
Ce sont les plus anciens. Ceux qui circulent sur l'anneau cèdent le passage à ceux qui y entrent, c'est à dire à droite. Ces ronds-points ont tendance à disparaître, remplacés par des carrefours giratoires.

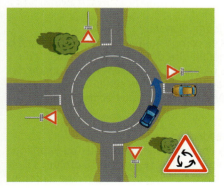

Les carrefours giratoires :
Je laisse passer ceux qui circulent déjà sur l'anneau. En agglomération, il arrive que seules les lignes d'effet du « cédez-le-passage » existent.

Attention aux changements de voie sur l'anneau ! Je dois toujours vérifier que la voie est libre.

DISPOSITIONS LÉGALES EN MATIÈRE DE CIRCULATION ROUTIÈRE

Les feux tricolores

Ils gèrent les flux de circulation. Sur certains boulevards, pour fluidifier le trafic, les feux sont réglés pour s'allumer automatiquement au vert, dans la mesure où la vitesse des véhicules ne dépasse pas 50 km/h (onde verte ou feu récompense).

Les piétons :
Je leur cède toujours le passage lorsque je tourne à gauche ou à droite.

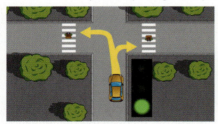 

Les feux dotés d'une signalisation d'intersection :

Les feux fonctionnent :
Je ne prends pas en compte les panneaux. Ici, je n'ai pas à céder le passage !

Le feu est jaune clignotant :
Je prends en compte les panneaux ou j'applique la règle générale dite de « priorité à droite » s'il n'y a pas de panneau. En présence du losange, les autres usagers doivent me céder le passage. Il en est de même s'il s'agit d'une flèche barrée.

Les feux ne fonctionnent pas :
Je prends en compte les panneaux ou j'applique la règle générale dite de « priorité à droite » s'il n'y a pas de panneau. Ici, je cède le passage à droite.

DISPOSITIONS LÉGALES EN MATIÈRE DE CIRCULATION ROUTIÈRE   L

EN RÉSUMÉ

✓ Je dois céder le passage, ou les autres doivent me céder le passage. Cela ne signifie pas que je peux imposer une quelconque priorité !

✓ Aux intersections, la règle générale consiste à céder le passage aux usagers qui se présentent à ma droite. Sinon je me réfère aux panneaux implantés.

✓ Lorsqu'ils fonctionnent, les feux prévalent sur les panneaux d'intersection.

✎ MINI ÉVAL

1-
Je passe _____ A ☐
ou
je cède le passage _____ B ☐

2- On doit obligatoirement me céder le passage :
à la prochaine intersection
OUI_____ A ☐   NON_____ B ☐
aux intersections suivantes
OUI_____ C ☐   NON_____ D ☐

3-
L'axe principal vire à droite :
OUI_____ A ☐   NON_____ B ☐
Je dois céder le passage :
OUI_____ C ☐   NON_____ D ☐

4- Je devrai céder le passage à la prochaine intersection :
OUI_____ A ☐
NON_____ B ☐

Réponses :   1-B   2-AD   3-AD   4-B

DISPOSITIONS LÉGALES EN MATIÈRE DE CIRCULATION ROUTIÈRE

Cas particuliers

Les colonnes et cortèges

Il est interdit de couper une colonne ou un cortège en marche (convoi militaire ou de police, mariage, sépulture, etc.), ou de m'y insérer. Je leur cède donc le passage s'ils sont engagés dans une intersection.

Les agents

Les forces de l'ordre sont constituées de gendarmes hors agglomération, de policiers en agglomération, de CRS sur les autoroutes et les routes, ou encore de douaniers. Tous sont habilités pour effectuer des contrôles et régler la circulation. Leurs signes prévalent sur toute autre signalisation par marquage au sol, par panneau ou par feu. Ils servent à assurer les ordres de passage, ou à gérer la fluidité du trafic dans les intersections.

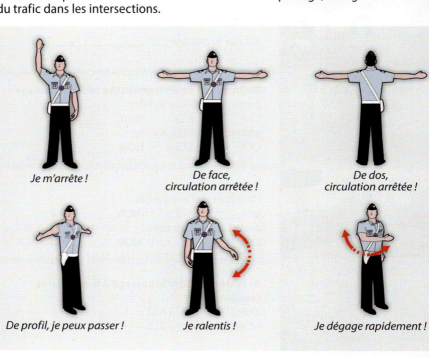

Je m'arrête !

De face, circulation arrêtée !

De dos, circulation arrêtée !

De profil, je peux passer !

Je ralentis !

Je dégage rapidement !

DISPOSITIONS LÉGALES EN MATIÈRE DE CIRCULATION ROUTIÈRE

Diverses situations

Les chemins de terre :

Je reste très attentif et prudent lorsque ma route croise un chemin de terre car son statut est très flou, selon qu'il est à usage public ou privé.
En règle générale, lorsque je débouche d'un chemin de terre, d'un parking, d'une voie privée ou d'une sortie de centre commercial, je cède toujours le passage à l'axe routier rencontré.

Lorsqu'une piste ou une bande cyclable, ou une voie pour bus par exemple, longe les voies de circulation, je dois céder le passage si je les coupe pour tourner à droite ou à gauche.

Voies encombrées :
Lorsqu'une voie ou un carrefour est encombré, je ne peux pas m'engager si je ne suis pas sûr de pouvoir dégager rapidement.

Les bus en agglomération :
Lorsqu'un bus quitte un arrêt matérialisé, je dois permettre son démarrage et son insertion en ralentissant ou en m'arrêtant si nécessaire.

Lorsque le passage est étroit dans une rue ou en intersection, je vais toujours faciliter son passage ou sa manœuvre pour tourner par exemple.

DISPOSITIONS LÉGALES EN MATIÈRE DE CIRCULATION ROUTIÈRE

Signalisation dynamique

La signalisation dynamique est destinée à délivrer des messages amenés à être modifiés fréquemment ou nécessitant d'être activés dans des délais très brefs. Elle informe les usagers des perturbations affectant ou pouvant affecter leur parcours et les conseille dans les situations difficiles.

Elle poursuit trois objectifs :
La sécurité : il s'agit d'éviter les sur-accidents ou les accidents sur les dangers évolutifs.

Signalisation dynamique d'une queue de bouchon

Signalisation dynamique d'un accident

Présence de piétons à un passage pour piétons ou rappel d'un passage pour piétons

L'information : il convient d'annoncer les conditions de circulation et ou de déplacement en cours ou prévues.

Annonce de présence relativement proche de nappes de brouillard ou de fumées épaisses

Signalisation dynamique de travaux

Annonce d'une chaussée particulièrement glissante

Annonce d'un danger proche de dégradation des conditions de circulation liée à des chutes de neige ou à de la pluie verglaçante

La gestion du trafic : il est nécessaire d'optimiser le fonctionnement des réseaux (par exemple : harmonisation des vitesses, arrêt et/ou contrôle du trafic, détournement de tout ou partie du trafic).

Annonce de la fermeture d'un passage à niveau muni de barrières avec indication sur panonceau

Accès interdit aux véhicules affectés au transport de marchandises

Accès interdit aux véhicules tractant une caravane ou une remorque de plus de 250 kg, tel que le poids total roulant autorisé, véhicule et caravane ou remorque, ne dépasse pas 3,5 t

DISPOSITIONS LÉGALES EN MATIÈRE DE CIRCULATION ROUTIÈRE

EN RÉSUMÉ

✓ En sortant d'un parking, d'un centre commercial, d'un lieu privé ou d'un chemin de terre, je cède le passage.
✓ Je cède le passage avant de couper une voie réservée.
✓ Je ne m'engage pas si l'intersection est encombrée.
✓ Je facilite le démarrage ou les manœuvres des bus en agglomération.
✓ Je respecte en priorité les gestes des agents qui priment sur toute autre signalisation.
✓ Je suis attentif aux panneaux à message variable ou à la signalisation dynamique qui peuvent m'alerter d'une situation à risque spécifique.

MINI ÉVAL

1-
Les feux priment sur les panneaux d'intersection :
OUI _____ A ☐   NON _____ B ☐
Les forces de l'ordre priment sur les feux :
OUI _____ C ☐   NON _____ D ☐

2-
Je cède le passage au véhicule noir :
OUI _____ A ☐   NON _____ B ☐
Je ralentis :
OUI _____ C ☐   NON _____ D ☐

3- Je dois céder le passage à droite aux usagers sortant de ce chemin :
OUI _____ A ☐
NON _____ B ☐

4- Je peux suivre immédiatement ces véhicules qui roulent au pas :
OUI _____ A ☐
NON _____ B ☐

Réponses : 1-AC 2-BC 3-B 4-B

L ÉVALUATION

1- J'ai la « priorité » de passage :
à cette intersection seulement _____ A ❑
ou
à toutes les intersections suivantes _____ B ❑

2- Les feux jaunes clignotent et je tourne à gauche à l'intersection.
Je laisse passer le véhicule blanc :
OUI _____ A ❑
NON _____ B ❑

3- Ce véhicule avance prudemment dans l'intersection.
Je passe _____ A ❑
ou
je cède le passage _____ B ❑

4- Les feux viennent de passer au jaune.
Je passe _____ A ❑
ou
je m'arrête _____ B ❑

5- Je céderai le passage :
à droite
OUI _____ A ❑   NON _____ B ❑
à gauche
OUI _____ C ❑   NON _____ D ❑

ÉVALUATION L

6- A la prochaine intersection, je céderai le passage :
Oui _____ A ☐
Non _____ B ☐

7- La route « prioritaire » continue :
à droite _____ A ☐
   ou
à gauche _____ B ☐

8- Il n'y a pas de panneau d'intersection à l'entrée du rond-point.
Je cède le passage aux usagers venant :
de la gauche
OUI _____ A ☐   NON _____ B ☐
de la droite
OUI _____ C ☐   NON _____ D ☐

9- La balise indique le régime de priorité à appliquer à l'intersection :
OUI _____ A ☐   NON _____ B ☐
Je devrai céder le passage à la voiture noire :
OUI _____ C ☐   NON _____ D ☐

10- Je m'apprête à démarrer :
OUI _____ A ☐
NON _____ B ☐

Réponses : 1-A 2-A 3-B 4-B 5-AD 6-B 7-B 8-BC 9-BD 10-A

Croisements

Sur une chaussée le croisement s'effectue lorsque deux usagers arrivent l'un en face de l'autre. La règle générale consiste à se croiser par la droite !

Règles générales

Serrer à droite :
Je dois serrer à droite et ralentir si nécessaire.

Obstacle sur la chaussée :
Des travaux, un véhicule mal garé, en panne, ou pour dépasser un cycliste : ce sont les seuls cas où je peux chevaucher ou franchir une ligne continue, après avoir pris toutes les précautions de sécurité. L'usager gêné par l'obstacle cède le passage à l'autre.

Usager de gros gabarit :
Les conducteurs de véhicules dont la largeur est égale ou supérieure à 2 m, ou dont la longueur est supérieure ou égale à 7 m, doivent faciliter le croisement en serrant à droite, quitte à s'arrêter pour laisser passer un autre usager. Cela peut être moi si je tracte une remorque ou une caravane.

Bus en agglomération :
Contrairement à la règle sur le gabarit des véhicules, c'est à moi de faciliter le passage aux bus en agglomération si le passage est étroit.

Véhicules d'urgence :
Je laisse passer les véhicules qui font usage de leur gyrophare bleu et/ou de leur avertisseur sonore à plusieurs tons lorsqu'ils se rendent sur le lieu de leur intervention.

DISPOSITIONS LÉGALES EN MATIÈRE DE CIRCULATION ROUTIÈRE

Routes de montagne et routes à forte déclivité

Sur une route en déclivité (en pente), si le croisement s'avère difficile, il faut appliquer une première règle qui ne tient pas compte du gabarit du véhicule. Celui qui descend doit s'arrêter le premier.

Si le croisement s'avère malgré tout impossible, il faut alors appliquer la deuxième règle qui tient compte des possibilités de manœuvre des véhicules.

Qui doit reculer si nécessaire ?

Poids lourd ou véhicule léger ?
C'est le véhicule le plus léger qui effectue la marche arrière.

Véhicule unique ou ensemble attelé ?
Le véhicule unique effectue la marche arrière, car l'ensemble attelé est moins maniable.

Poids lourd ou transport en commun ?
Le véhicule de transport en commun n'effectue pas la marche arrière car le risque est élevé. C'est donc au camion de reculer.

Véhicules de même catégorie :
Celui qui descend doit reculer pour se ranger, sauf si l'autre usager peut se ranger plus facilement.

DISPOSITIONS LÉGALES EN MATIÈRE DE CIRCULATION ROUTIÈRE

Cas particuliers

Parfois des conditions particulières m'invitent à suivre les indications d'un agent ou la signalisation...

Convois exceptionnels :

Je dois serrer à droite et éventuellement m'arrêter lorsqu'un motard d'escorte fait signe. Parfois un véhicule spécialisé invite au rangement sur le côté.

Un convoi exceptionnel est difficilement maniable.

Ces convois sont dotés de gyrophares jaunes et d'une plaque « convoi exceptionnel ».

Sens alternés pour travaux :

Des travaux peuvent réclamer un passage de manière alternée.
Les sens de circulation peuvent être gérés par des feux ou par des techniciens portant des panneaux mobiles, ou encore par panneaux.

Croisement difficile :

Un pont, un tunnel, un passage étroit en agglomération nécessitent parfois d'organiser un ordre de passage. Je ne peux m'engager que si la voie est libre ! En effet, un usager peut s'être engagé avant mon arrivée.

Je laisse passer   Je peux passer

DISPOSITIONS LÉGALES EN MATIÈRE DE CIRCULATION ROUTIÈRE L

EN RÉSUMÉ

✓ Le croisement s'effectue par la droite.
✓ Le véhicule de largeur égale ou supérieure à 2 m, ou de longueur égale ou supérieure à 7 m, ralentit, serre à droite, et s'arrête si nécessaire pour faciliter le croisement.
✓ En pente :
  - celui qui descend doit s'arrêter le premier et éventuellement reculer ;
  - le plus léger recule ;
  - le véhicule isolé recule face au véhicule attelé ;
  - le poids lourd recule par rapport au transport en commun.

MINI ÉVAL

1- Selon la signalisation, d'éventuels usagers arrivant en sens inverse doivent me céder le passage :
OUI_____A ❏
NON_____B ❏

2- J'ai la priorité de passage :
OUI_____A ❏   NON_____B ❏
Je m'engage :
OUI_____C ❏   NON_____D ❏

3- Je tracte une remorque. Dans cette descente, en cas de croisement, c'est à moi de m'arrêter :
OUI_____A ❏
NON_____B ❏

4- La voie semble libre après le passage des deux-roues.
Je peux commencer à démarrer :
OUI_____A ❏
NON_____B ❏

Réponses : 1-A 2-BC 3-A 4-B

DISPOSITIONS LÉGALES EN MATIÈRE DE CIRCULATION ROUTIÈRE

Dépassements

En règle générale, les dépassements s'effectuent par la gauche !

Trois exceptions à cette règle :

Un usager qui désire tourner à gauche et qui l'a signalé doit être dépassé par la droite. J'attends pour dépasser !

Lorsque la circulation est établie en files ininterrompues, le dépassement s'effectue sans changer de file.

Un tramway est dépassé par la droite ou par la gauche. Sauf à l'arrêt, du côté de la montée et de la descente des passagers.

Attention aux voies de dépassement !

Dans un sens unique, personne ne viendra en face. Je peux rester sur la voie de gauche pour dépasser plusieurs usagers à la fois, mais je dois revenir ensuite à droite.

Même si c'est à ce jour très rare, sur une chaussée à double sens de circulation et à deux voies, le dépassement s'effectue sur la voie réservée à la circulation en sens inverse. J'attends donc que cette voie soit libre pour dépasser !

Sur une chaussée à trois voies, celle du milieu sert parfois aux dépassements pour les deux sens de circulation. Je ne peux pas utiliser la voie la plus à gauche. Attention aux usagers qui tournent à gauche alors qu'on pense qu'ils dépassent !

Ces routes à 3 voies sont désormais pour la plupart aménagées avec des créneaux de dépassement.

Début

Fin

DISPOSITIONS LÉGALES EN MATIÈRE DE CIRCULATION ROUTIÈRE   L

Les interdictions liées à l'environnement

L'espace disponible et visible devant soi doit être important. Il faut environ 250 m pour dépasser, et une visibilité d'environ 500 m.

Il est interdit de dépasser à proximité d'un virage et d'un sommet de côte, sauf si on laisse libre la partie gauche de circulation.

Il est interdit de dépasser par mauvaise visibilité (brouillard).
Enfin, il est dangereux de suivre un véhicule qui cache les voies devant soi : un camion par exemple.

Les interdictions liées aux panneaux

Début d'interdiction de dépasser
sauf les deux-roues sans side-car

Interdiction de dépasser
dans les intersections
où je dois céder le passage.
Sauf les deux-roues sans side-car

Fin d'interdiction de dépasser

Interdiction de dépasser
lorsqu'il n'y a pas de barrières.
Très déconseillé s'il y a des barrières

DISPOSITIONS LÉGALES EN MATIÈRE DE CIRCULATION ROUTIÈRE

Les interdictions liées au marquage au sol

Une ligne d'avertissement, accompagnée de trois flèches de rabattement, précède une ligne continue.
Je dois avoir terminé le dépassement avant la ligne continue.

Lorsque la ligne est mixte, si la ligne continue est de mon côté, je ne peux pas dépasser. Si la ligne discontinue est de mon côté, je peux dépasser.

Il existe toutefois une exception lorsque je dois contourner un obstacle ou un chantier fixe ou mobile. Je prends toutes les précautions pour le dépasser.

Une ligne de dissuasion ne se trouve que sur une route étroite et sinueuse, ou en montagne ! Elle remplace une ligne continue et, de fait, interdit les dépassements, hormis ceux des véhicules circulant très lentement. Tout autre dépassement est alors considéré comme dangereux !

Passage pour piétons :
Attention au véhicule qui s'arrête devant moi au niveau d'un passage pour piétons ! Le conducteur laisse peut-être traverser quelqu'un... Si c'est le cas, je renonce au dépassement !

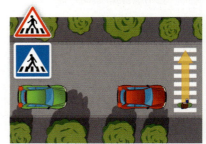

DISPOSITIONS LÉGALES EN MATIÈRE DE CIRCULATION ROUTIÈRE

Les précautions et obligations

Cette ligne est une ligne de dissuasion de sortie❶. Elle empêche de passer brutalement de la voie de gauche vers la sortie.
Cette ligne ne m'empêche donc pas de me rabattre pour terminer un dépassement.

En présence de voies de sélection, je reste sur la voie que j'ai sélectionnée, même si la file de gauche est plus lente que la mienne. Je dois me placer si possible dès le début, et rester dans cette voie.

Distance de sécurité latérale : d'une manière générale, il n'y a pas de distance minimale à respecter entre les véhicules.
Je dois faire en sorte de ne pas accrocher l'usager que je dépasse.
Pour tous les autres usagers de la route (engin à deux ou trois roues, piéton, cavalier, animal, véhicule à traction animale), je dois laisser au minimum :
→ 1,5 m si je circule hors agglomération ;
→ 1 m si je circule en agglomération.
Je peux toutefois dépasser un cycliste en chevauchant une ligne continue.

Lorsque c'est possible, je laisse plus de distance !

Lorsque je dépasse un véhicule lourd, je m'apprête à devoir maintenir ma trajectoire avec souplesse, car je peux subir un déplacement d'air à la hauteur du véhicule et surtout à la fin du dépassement.

La manœuvre de dépassement

Je dispose d'une réserve de puissance qui permet une manœuvre rapide.

Avant le dépassement :
Trois précautions de contrôle, vérifier :
- que personne ne me dépasse (regard dans les rétroviseurs, puis à côté de moi) ;
- qu'il n'y a pas d'interdiction ;
- qu'un espace est suffisant devant moi et pour me rabattre.

Je regarde dans les rétroviseurs (intérieur et extérieur), puis à côté de moi.

J'avertis avec le clignotant et, si besoin, j'effectue un appel de feux.

Pendant le dépassement :
J'accélère sans dépasser la limitation de vitesse.
J'évite de trop m'approcher juste derrière l'usager, et je déboîte tranquillement.

Fin du dépassement :
Deux impératifs :

- lorsque l'avant du véhicule dépassé commence à apparaître dans le rétroviseur intérieur, je suis certain qu'en me rabattant je ne l'accrocherai pas ;

- à la fin du dépassement, réduire l'allure car la vitesse est désormais limitée le plus généralement à 80 km/h.

- pour avertir de mon rabattement, je peux également mettre le clignotant à droite.

DISPOSITIONS LÉGALES EN MATIÈRE DE CIRCULATION ROUTIÈRE

Être dépassé

Lorsqu'un usager me dépasse, j'ai quelques obligations à respecter.
Je dois considérer que celui qui me dépasse a calculé sa manœuvre en fonction de ma position, de ma trajectoire, et de ma vitesse.

Durant le dépassement :

Je surveille régulièrement les usagers qui me suivent, car ils peuvent me dépasser.
Lorsque je suis sur le point d'être dépassé, je conserve mon allure et, si nécessaire, sur une route peu large, je serre à droite.

Lorsque le véhicule est devant moi, et si seulement la situation l'exige, je peux ralentir afin d'aider au rabattement. Sinon, je ne modifie pas mon allure.

Attention au gabarit :

Le conducteur d'un véhicule, dont le gabarit atteint ou dépasse 2 m de largeur ou 7 m de longueur, doit faciliter le dépassement (serrer à droite, ralentir et éventuellement s'arrêter). Cela peut me concerner avec une camionnette, une autocaravane, ou si je tracte une remorque.

DISPOSITIONS LÉGALES EN MATIÈRE DE CIRCULATION ROUTIÈRE

La nuit :

La nuit, lorsque je circule derrière un usager, j'utilise les feux de croisement et lui les feux de route.
En passant à côté de lui, nous allons échanger les modes d'éclairage. Je vais passer en feux de route et lui en feux de croisement.
Ce changement s'effectue lorsque je suis sûr de ne pas l'éblouir par le rétroviseur extérieur gauche. J'allume les feux de route et il passe en feux de croisement. Ainsi, il n'y a pas de trou de lumière.

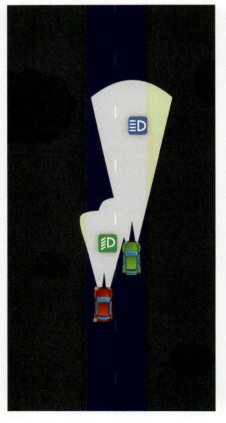 

DISPOSITIONS LÉGALES EN MATIÈRE DE CIRCULATION ROUTIÈRE L

📋 EN RÉSUMÉ

✓ Le dépassement s'effectue par la gauche.
✓ Le dépassement est interdit par panneaux, dans une intersection où je dois céder le passage (sauf deux-roues), par une ligne continue (sauf cycliste), par un manque d'espace et de visibilité.
✓ Je ne dépasse pas un tramway à l'arrêt du côté de la montée ou de la descente des passagers.
✓ Je dépasse à droite les usagers qui signalent qu'ils tournent à gauche.
✓ Avant le dépassement, je vérifie la faisabilité (espace, visibilité, interdictions) et j'avertis.
✓ Pendant le dépassement, je respecte les distances latérales de sécurité.
✓ Après le dépassement, je laisse deux secondes de sécurité.

✏️ MINI ÉVAL

1- J'emprunte la sortie signalée.
Je peux donc dépasser ce véhicule par la droite :
OUI _____ A ❑
NON _____ B ❑

2- Dépasser ce cycliste est ici autorisé :
OUI _____ A ❑
NON _____ B ❑

3- Les usagers de la file à ma gauche circulent moins vite que moi. Je peux remonter cette file par la droite :
OUI _____ A ❑
NON _____ B ❑

4- La signalisation autorise le dépassement :
OUI _____ A ❑
NON _____ B ❑

Réponses : 1-B 2-A 3-B 4-A

L ÉVALUATION

1- Dans cette descente, le croisement est impossible :
je dois reculer _____ A ❏
ou
le véhicule en face doit reculer _____ B ❏

2- Je circule à 90 km/h.
L'interdiction de dépasser me concerne :
OUI _____ A ❏
NON _____ B ❏

3- Pour terminer la manœuvre, je suis autorisé à dépasser la limitation :
de 10 km/h
OUI _____ A ❏   NON _____ B ❏
de 20 km/h
OUI _____ C ❏   NON _____ D ❏

4- Le véhicule devant moi circule à 70 km/h. Je le dépasse :
OUI _____ A ❏
NON _____ B ❏

5- Dans cette descente, je dois m'arrêter pour laisser passer le véhicule arrivant en sens inverse :
OUI _____ A ❏
NON _____ B ❏

ÉVALUATION L

6- Je dépasse :
OUI _____ A ☐
NON _____ B ☐

7- Le croisement s'avère difficile. C'est à moi de m'arrêter :
OUI _____ A ☐
NON _____ B ☐

8- Sur cette route à caractère prioritaire, je peux dépasser :
OUI _____ A ☐
NON _____ B ☐

9- Dans cette descente :
Je ralentis _____ A ☐
Je m'arrête _____ B ☐
Je serre à droite _____ C ☐

10- Pour me rabattre, je peux mettre le clignotant à droite :
OUI _____ A ☐
NON _____ B ☐

Réponses : 1-A 2-A 3-BD 4-B 5-A 6-B 7-B 8-A 9-AC 10-A

DISPOSITIONS LÉGALES EN MATIÈRE DE CIRCULATION ROUTIÈRE

Circuler à sa place

En marche normale, je circule à droite de la chaussée, autant que son état et son profil le permettent.
La voie de droite est donc la voie normale de circulation, les autres voies étant toutes réservées aux dépassements et au sens inverse de circulation.

La voie de droite peut être réservée à d'autres catégories d'usagers. Il peut s'agir d'une voie pour bus ou d'une bande cyclable.

Ou encore une voie pour véhicules lents. Elle n'est pas réservée qu'aux seuls véhicules de transport de marchandises !
Je dois l'utiliser si ma vitesse est inférieure ou égale à 60 km/h.

Voies de sélection

Elles sont en général délimitées par des lignes discontinues rapprochées. Lorsqu'elles deviennent continues, je ne peux plus changer de position.
Elles sont dotées de flèches indiquant les directions desservies.

Des panneaux de direction sont implantés avant les voies de sélection, afin de pouvoir se positionner dès le début.
Il peut s'avérer dangereux de changer de voie au dernier moment.

DISPOSITIONS LÉGALES EN MATIÈRE DE CIRCULATION ROUTIÈRE

Circuler en files ininterrompues

On considère qu'une circulation s'effectue en files ininterrompues sur plusieurs voies attribuées au même sens de circulation, lorsque dans un trafic chargé, les usagers ne laissent plus entre eux que la distance de sécurité.

Je reste alors dans ma file et n'en change que pour modifier ma direction.
Une file circulant plus vite qu'une autre n'est pas considérée comme effectuant un dépassement.

Voie de décélération

Une voie de décélération s'emprunte dès le début afin de profiter de sa longueur pour ralentir la vitesse.
Je ne commence à ralentir que lorsque le véhicule est entièrement engagé dessus.

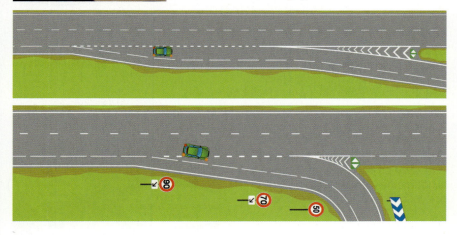

Lorsqu'un panneau de limitation de vitesse est positionné à l'entrée de la voie, je dois le respecter. Ce qui m'oblige souvent à ralentir sur l'axe principal. Je préviens à l'avance avec le clignotant et parfois avec un appel des feux stop. Je surveille le comportement des usagers derrière moi.

DISPOSITIONS LÉGALES EN MATIÈRE DE CIRCULATION ROUTIÈRE

Le rond-point ou carrefour giratoire

La règle générale oblige à circuler à droite !
Il est cependant autorisé de serrer à gauche si je sors à gauche de l'axe d'entrée.

La règle de passage est celle de la signalisation en place.
Sur l'anneau, je cède le passage en changeant de voie.

Où me placer ?

Je me rends directement à gauche de l'anneau si la voie est libre.
Si je ne sais pas où sortir, si je tracte une remorque, ou si je conduis une camionnette ou une autocaravane, je reste à droite, même pour faire le tour complet.

Le clignotant :

Le maintien du clignotant gauche sur l'anneau n'est pas obligatoire, mais l'absence de celui-ci risque de gêner ceux qui entrent et ceux qui sont derrière moi, car ils ne savent pas alors ce que je vais faire.
Je dois le mettre à droite pour signaler que je sors.

Sortir du carrefour giratoire :

Si je sors immédiatement, je mets directement le clignotant à droite, avant même d'entrer sur l'anneau.
Si je vais en face, je reste à droite.

DISPOSITIONS LÉGALES EN MATIÈRE DE CIRCULATION ROUTIÈRE

EN RÉSUMÉ

✓ Je circule à droite autant que le permet la chaussée, ou en pleine voie lorsque les voies sont délimitées.
✓ Je ne circule pas sur les voies réservées aux bus ou aux cyclistes.
✓ Je ne circule pas sur les voies réservées aux véhicules lents si ma vitesse est supérieure à 60 km/h.
✓ Une voie de sélection s'emprunte si possible dès le début.
✓ Je ne change pas de voie lorsque la circulation est établie en files, sauf changement de direction.
✓ Une voie de décélération s'emprunte dès le début. Le ralentissement commence lorsque je suis entré dessus, sauf si une limitation est placée à l'entrée.
✓ Sur un carrefour giratoire, on circule à droite. Mais il est possible de serrer à gauche si l'on sort à gauche de l'axe d'entrée.

MINI ÉVAL

1- La circulation est établie en files ininterrompues.
Je dois revenir sur la voie de droite _____ A ❏
Je peux emprunter la sortie numéro 12 _____ B ❏
Je reste où je suis _____ C ❏

2- Je circule sur une voie de décélération :
OUI _____ A ❏
NON _____ B ❏

3- Je tourne à gauche de l'anneau.
Je mets le clignotant :
à gauche _____ A ❏
ou
à droite _____ B ❏

Réponses : 1-C 2-B 3-A

DISPOSITIONS LÉGALES EN MATIÈRE DE CIRCULATION ROUTIÈRE

Adapter sa vitesse

Il y a la règle et son application raisonnée. Une limitation de vitesse n'est pas une vitesse obligatoire à atteindre, mais une vitesse à ne pas dépasser. Je dois de plus l'adapter en fonction de l'environnement et de la présence d'usagers.

Les limitations

Les limitations générales :

Les vitesses sont limitées en France et tendent à être les mêmes partout en Europe.
Tout conducteur doit maîtriser sa vitesse en fonction de l'environnement, des conditions météorologiques, de l'éclairement, ainsi que de la présence des usagers et de la densité du trafic.

> «Attention : depuis le 1er juillet 2018, la limitation de vitesse générale est de 80 km/h sur toutes les routes hors agglomération à double sens de circulation. Cette vitesse peut toutefois être relevée à 90 km/h sur certains tronçons.»

Autoroutes péri-urbaines :

Sur autoroute péri-urbaine, qu'on appelle aussi autoroute de dégagement, la vitesse peut être limitée à 110 km/h. Sur les autoroutes de liaison, la vitesse est limitée à 130 km/h.

Routes à accès réglementé :

Pour qu'une vitesse soit autorisée à 110 km/h sur une route, il faut que les sens de circulation soient séparés par un terre-plein central. Attention, une route à accès réglementé peut être à double sens de circulation, dans ce cas, la vitesse est limitée à 80 ou 90 km/h.

DISPOSITIONS LÉGALES EN MATIÈRE DE CIRCULATION ROUTIÈRE

Conducteurs novices :
Les conducteurs en période probatoire et ceux en « conduite accompagnée » sont soumis aux vitesses sur routes, soit :
- 110 km/h au lieu de 130 km/h ;
- 100 km/h au lieu de 110 km/h ;
- 80 km/h sur les autres routes.

L'apposition du disque est obligatoire pendant 3 ans pour les candidat(e)s ayant suivi une formation traditionnelle (2 ans pour celles et ceux qui ont suivi une formation post-permis) et 2 ans pour les candidat(e)s ayant suivi un apprentissage anticipé de la conduite (1 an et demi pour celles et ceux qui ont suivi une formation post-permis).

Environnement

Plus la route sera large et dégagée, plus elle sera en ligne droite et plus j'aurai tendance à rouler rapidement, sans bien m'en apercevoir.
Un limiteur de vitesse joue alors totalement son rôle de modérateur.

Une intersection avec peu de visibilité doit m'inciter à ralentir. J'ai au moins le pied devant le frein. Il en est de même à l'approche d'un virage ou d'un sommet de côte, ou encore en descente. Un lieu-dit réclame lui aussi une vitesse adaptée.

Un autocar transportant des enfants est doté à l'avant et à l'arrière de ce logo. Je dois réduire ma vitesse lorsqu'il est à l'arrêt. De plus, je ne le dépasse qu'avec une extrême prudence. Sur une route étroite, je préfère m'arrêter et attendre qu'il redémarre.

DISPOSITIONS LÉGALES EN MATIÈRE DE CIRCULATION ROUTIÈRE

Météorologie

La visibilité :

Par mauvaise visibilité due à la pluie ou au brouillard, je réduis ma vitesse à l'espace dont j'ai besoin pour m'arrêter. Il n'y a rien de plus dangereux que de suivre aveuglément de près un usager devant soi, en lui faisant confiance.

Si la visibilité est inférieure à 50 m, je ne dois pas dépasser 50 km/h, même sur autoroute !
En fait, j'adapte ma vitesse à la visibilité en associant les chiffres de la distance visible et de la vitesse❶.

70 m	=	70 km/h
60 m	=	60 km/h
30 m	=	30 km/h

❶

L'adhérence :

Par temps de pluie, neige ou verglas, l'adhérence au sol diminue. Je réduis ma vitesse en conséquence.

Éclairement

Lorsque je passe des feux de route aux feux de croisement, la visibilité qui était de plus de 100 m se réduit à un peu plus de 30 m seulement.

Avant de passer en feux de croisement, dirigez votre regard vers le côté droit de la chaussée pour diminuer le risque d'éblouissement.

DISPOSITIONS LÉGALES EN MATIÈRE DE CIRCULATION ROUTIÈRE

EN RÉSUMÉ

✓ Avant tout, la vitesse doit être adaptée à l'environnement et à la présence des autres usagers.
✓ Il existe des limitations de vitesse générales (130 km/h, 110 km/h, 80 km/h, 50 km/h) et des vitesses ponctuelles imposées par panneaux.
✓ Les conducteurs en période probatoire et conduite accompagnée sont limités (110 km/h, 100 km/h, 80 km/h)) pour la circulation hors agglomération.
✓ Par mauvais temps, j'adapte ma vitesse à la distance visible devant moi. Si celle-ci est inférieure à 50 m, je suis alors limité à 50 km/h.
✓ La vitesse par temps de pluie est limitée à 110 km/h sur autoroute, 100 km/h sur route à chaussées séparées, 80 km/h sur route.
✓ J'adapte aussi ma vitesse en virage, en sommet de côte et surtout en intersection.
✓ La nuit, passer des feux de route en feux de croisement réduit de beaucoup la distance visible. Je dois alors ralentir.

MINI ÉVAL

1- La vitesse est obligatoirement limitée à 110 km/h :
OUI _____ A ❏
NON _____ B ❏

2- Je limite ma vitesse :
- à 80 km/h _____ A ❏
- à 60 km/h _____ B ❏
- à 50 km/h _____ C ❏

3- Je suis un conducteur novice. Ma vitesse sera limitée :
à 70 km/h _____ A ❏
ou
à 60 km/h _____ B ❏

Réponses : 1-B   2-C   3-A

DISPOSITIONS LÉGALES EN MATIÈRE DE CIRCULATION ROUTIÈRE

Changer de direction

Il y a des règles de passage à respecter, autant en quittant la route sur laquelle je circule que pour aborder celle où je me dirige. Elles s'appliquent aussi vis-à-vis des piétons et des usagers des voies réservées !

- je contrôle qu'il n'y a pas d'interdictions ;
- je m'assure derrière moi que je gênerai pas ;
- j'avertis à l'avance de mon intention à l'aide des clignotants ;
- je ralentis et me place pour ne pas gêner.

À tout moment, je contrôle les 2 sens de circulation.

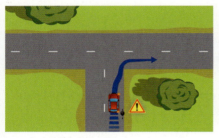

Je serre à droite (sauf attelage remorque)

Je serre à gauche de ma voie

 Attention aux deux-roues qui parfois se faufilent ou dépassent du côté où l'on tourne !

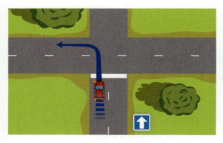

Je serre à gauche de la chaussée

Attention au dépassement sur la route à droite !

DISPOSITIONS LÉGALES EN MATIÈRE DE CIRCULATION ROUTIÈRE

Voie réservée

Une voie réservée possède le statut de la route sur laquelle elle est implantée. Je dois donc céder le passage aux usagers qui y circulent lorsque je la coupe au niveau de son tracé ou du damier.

Carrefour giratoire

Si un bus s'engage, je le laisse passer

Au stop, je laisse passer les cyclistes

Double sens de circulation

❶

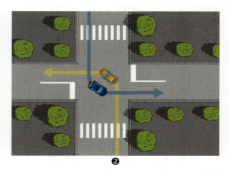

❷

Lorsque la signalisation le permet, je croise à l'indonésienne❶. C'est devant un usager qui lui aussi tourne à sa gauche.

Pour tourner à gauche❷, je serre le milieu de la chaussée, sans mordre sur l'autre voie, et je contourne le croisement des axes médians, au centre de l'intersection

Je cède le passage aux usagers qui arrivent en face car je coupe leur trajectoire !

DISPOSITIONS LÉGALES EN MATIÈRE DE CIRCULATION ROUTIÈRE

Voies de sélection

Voie de stockage à gauche :
Une voie protégée par un marquage au sol, et parfois par un terre-plein, permet de ralentir et d'attendre en sécurité pour céder le passage en face.

 Une voie normale peut devenir une voie de stockage.

Voie de stockage à droite :
Parfois une voie de sortie à droite permet d'attendre avant de couper ensuite l'axe qu'on vient de quitter. Il peut y avoir un panneau de cédez-le-passage, de stop ou des feux.

Voies de sélection :
Elles sont précédées par une signalisation de direction.
Je me place dès le début et j'évite de changer d'avis lorsque je suis engagé.

Exemple

Voies de sélection avec feux :
Bien souvent, la voie sur laquelle je suis placé est réglée par des feux.

DISPOSITIONS LÉGALES EN MATIÈRE DE CIRCULATION ROUTIÈRE

EN RÉSUMÉ

✓ Tourner, c'est quitter une route pour en emprunter une autre.
✓ J'observe la procédure suivante : contrôler la possibilité, observer derrière moi, avertir à l'avance, me placer progressivement, enfin respecter l'ordre de passage.
✓ Je dois céder le passage aux bus ou cyclistes qui circulent sur leur voie lorsque je les coupe.
✓ Je laisse passer les piétons engagés.
✓ Pour tourner à gauche, je manœuvre derrière le centre de l'intersection, sauf si le croisement s'effectue à l'indonésienne. Auquel cas je tourne avant.
✓ Lorsque la route comporte 3 voies à double sens, je me place dans la voie centrale, mais cette position peut se révéler dangereuse.
✓ Des voies de stockage à droite ou à gauche permettent d'attendre en sécurité avant de tourner à gauche.
✓ Les voies de sélection sont à utiliser dès le début. Des feux règlent bien souvent chaque voie.

MINI ÉVAL

1- Pour passer derrière le poids lourd, je peux passer sur la voie de gauche :
OUI _____ A ❏
NON _____ B ❏

2- Je tourne à gauche. Je passe :
devant le véhicule arrivant en face _____ A ❏
ou
derrière le véhicule arrivant en face _____ B ❏

3- Je peux tourner à gauche :
OUI _____ A ❏
NON _____ B ❏

Réponses : 1-B 2-B 3-B

DISPOSITIONS LÉGALES EN MATIÈRE DE CIRCULATION ROUTIÈRE

Agglomération

Les limites de l'agglomération sont fixées par le Maire, toutes les règles applicables à l'agglomération sont contenues entre les panneaux d'entrée ❶ et de sortie ❹.

Les vitesses

Le panneau d'entrée d'agglomération❶ signifie une vitesse maximale de 50 km/h❷ et une interdiction de klaxonner❸. Un lieu-dit❺ n'est pas soumis aux règles de l'agglomération mais je ralentis et je reste vigilant.

La vitesse est parfois limitée à 70 km/h aux entrées des villes, sur des tronçons protégés.

Une limitation plus contraignante peut concerner des catégories d'usagers (deux-roues ou poids lourds) dans toute l'agglomération.

DISPOSITIONS LÉGALES EN MATIÈRE DE CIRCULATION ROUTIÈRE

On voit de plus en plus en centre-ville des aires piétonnes❻, des « zones 30❼ », et des « zones de rencontre ❽ » où la vitesse est limitée à 20 km/h.

Ponctuellement, un endroit peut être limité artificiellement à l'aide de ralentisseurs.

❻ ❼ ❽

Caractère prioritaire

Le caractère prioritaire d'une route peut être conservé (ou non) dans la traversée de l'agglomération.

Le losange est alors placé en rappel avant les intersections.

DISPOSITIONS LÉGALES EN MATIÈRE DE CIRCULATION ROUTIÈRE

L'arrêt et le stationnement

Les règles concernant l'arrêt et le stationnement sont expliquées dans le chapitre qui lui est consacré *(voir p.268)*.

Le stationnement est souvent réglementé pour les caravanes et autocaravanes.

La circulation

L'agglomération est le lieu où se rencontrent de multiples usagers fragiles (piétons, cyclistes et cyclomotoristes) et des usagers spécifiques.

Les voies réservées :

Les voies réservées aux bus, parfois aussi autorisées aux taxis et aux cyclistes, sont interdites à la circulation des autres usagers et à l'arrêt ou au stationnement. Attention, elles peuvent être à contresens !
Lorsque je change de direction à une intersection, un damier signale la voie et je dois leur céder le passage.

Les véhicules de service :

Les véhicules destinés aux ordures ménagères ou les véhicules d'entretien des voiries circulent lentement, s'arrêtent souvent et des hommes travaillent autour. Ils doivent bénéficier de toute mon attention. Je ralentis en leur présence et ne les dépasse qu'avec prudence.

DISPOSITIONS LÉGALES EN MATIÈRE DE CIRCULATION ROUTIÈRE

 **EN RÉSUMÉ**

✓ Entre le panneau d'entrée et le panneau de sortie d'agglomération, je dois me conformer aux règles spécifiques à celle-ci. Notamment les règles sur l'arrêt et le stationnement.
✓ La vitesse est limitée à 50 km/h et il est interdit de klaxonner, sauf danger immédiat.
✓ Une limitation ponctuelle autorise parfois les 70 km/h sur un tronçon, mais il peut tout aussi bien être plus contraignant pour une catégorie de véhicules sur toute l'agglomération.
✓ Une zone piétonne est limitée à 30 km/h, voire moins.
✓ Une route peut continuer d'être à caractère prioritaire si le losange est placé sur le panneau d'entrée d'agglomération.
✓ Les piétons sont des usagers fragiles, ainsi que les cyclistes. Les véhicules lents sont souvent entourés d'hommes au travail.
✓ Attention aux voies réservées aux bus ou aux cyclistes. Je leur cède le passage lorsque je les coupe.

MINI ÉVAL

1- J'entre en agglomération
OUI_____A ❏
NON_____B ❏
Je sors d'une agglomération
OUI_____C ❏
NON_____D ❏

2- Je traverse :
un lieu-dit_____A ❏
ou
une zone industrielle_____B ❏

3- Le stationnement peut être réglementé dans toute l'agglomération :
OUI_____A ❏
NON_____B ❏

Réponses : 1-AC 2-A 3-A

ÉVALUATION

1- Pour tourner à gauche, je serre complètement à gauche :
OUI_____A ❑
NON_____B ❑

2- Sur cette route, je peux circuler à :
80 km/h_____A ❑
90 km/h_____B ❑
110 km/h_____C ❑

3- À partir du panneau, je pourrai circuler :
- à 80 km/h_____A ❑
- à 70 km/h_____B ❑
- à 45 km/h_____C ❑
- à 50 km/h_____D ❑

4- Sur cette autoroute, je suis à ma place si je circule :
- à 50 km/h_____A ❑
- à 70 km/h_____B ❑
- à 110 km/h_____C ❑
- à 130 km/h_____D ❑

5- Je tourne à droite.
Je reste dans ma voie_____A ❑
ou
j'emprunte la voie réservée_____B ❑

ÉVALUATION L

6- Je peux passer en feux de route :
OUI _____ A ☐
NON _____ B ☐

7- Je suis bien placé pour aller :
- tout droit _____ A ☐
- à droite _____ B ☐
- à gauche _____ C ☐

8- Même si le brouillard est épais, je pourrai rouler à 130 km/h :
OUI _____ A ☐
NON _____ B ☐

9- Positionné ici, je dois tourner à gauche :
OUI _____ A ☐
NON _____ B ☐

10- Je dois rejoindre la voie de droite :
OUI _____ A ☐
NON _____ B ☐

Réponses : 1-A 2-AB 3-CD 4-BCD 5-A 6-B 7-AB 8-B 9-A 10-B

Notes

C — LE CONDUCTEUR

La conduite d'un véhicule nécessite une prise de conscience des éventuels risques pris ou que l'on fait prendre aux autres. Une mauvaise vue, la fatigue, la consommation de produits psychoactifs (médicaments, alcool ou stupéfiants) sont autant de facteurs qui peuvent générer un accident. Et si celui-ci intervient, il est préférable de faire les bons choix ou les bons gestes.

C — LE CONDUCTEUR

État du conducteur

La vue

La vision est le principal sens mis en œuvre pour notre quotidien. Ainsi la conduite réclame une bonne vision, car il faut à la fois voir le tableau de bord et loin devant soi.

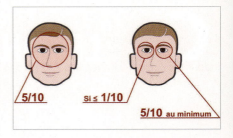

Le minimum requis est fixé à 5/10 pour les deux yeux, après correction éventuelle (verres correcteurs ou lentilles de contact).
Si l'acuité d'un œil est inférieure à 1/10, ou s'il est borgne (acuité nulle), l'autre œil doit posséder au moins 5/10.
Si un œil devient accidentellement aveugle, le conducteur doit attendre 6 mois avant de pouvoir conduire de nouveau.

Le champ de vision

Le champ de vision des deux yeux couvre environ 180°.
Sur les côtés, les yeux détectent les mouvements.
Chaque œil dispose de quelques degrés seulement de vision nette.
J'explore l'environnement pour trouver les indices de conduite.

La vitesse et l'alcool diminuent le champ de vision.

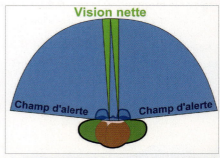

Champ normal   *Champ perturbé*

La convergence des deux yeux participe à déterminer la distance.
L'alcool ou la drogue perturbent donc également la notion des distances.

Le temps de réaction

Il se passe en moyenne une seconde entre le moment où le conducteur perçoit un signal❶, traite l'information❷, puis celui où il réagit❸. Ce temps est variable d'un individu à l'autre ; et chez le même individu en fonction de son état.

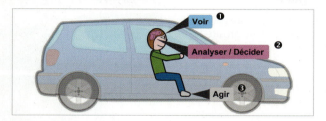

L'intervalle de sécurité (coussin d'espace)

Lorsque je conduis, il va s'écouler une seconde entre le moment où je vois les feux stop et le moment où je vais freiner à mon tour.
Si je suis trop près, je percute l'usager devant moi !
Si je laisse deux secondes, j'aurai le temps de réagir et de tenir compte des autres usagers. Je garantis ainsi un espace de sécurité (coussin d'espace).

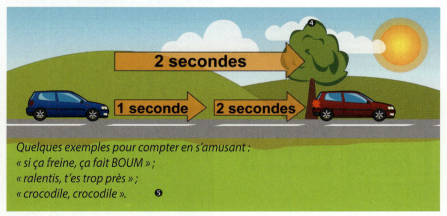

Quelques exemples pour compter en s'amusant :
« si ça freine, ça fait BOUM » ;
« ralentis, t'es trop près » ;
« crocodile, crocodile ». ❺

Pour maintenir cette distance de sécurité, je dois arriver au moins deux secondes après l'usager au même repère initial❹. Pour en être sûr, je dis la phrase « 1 seconde 2 secondes » (ou une autre phrase❺ qui met à peu près 2 secondes à être articulée). Ce qui correspond sur les voies rapides à deux traits de la bande d'arrêt d'urgence.

Distance de sécurité : la règle est fixée à 2 secondes !

C — LE CONDUCTEUR

La fatigue

La fatigue est l'ennemi numéro un en conduite, surtout les premiers temps chez le conducteur novice.
La fatigue se retrouve dans près de 40 % des accidents graves sur autoroute !

Des bâillements, des douleurs dans le dos et les épaules, le besoin de bouger sur le siège, les yeux lourds qui picotent sont les signes avant-coureurs du sommeil.
Attention, le sommeil ne prévient pas. Il survient tout à coup !

De longs trajets réclament de fréquents arrêts : au moins toutes les deux heures ; et toutes les heures avec des enfants à bord.
L'arrêt dure au moins 20 minutes.

Je pars reposé, j'écoute la radio, j'aère l'habitacle, je change le rythme de conduite, je me désaltère et, s'il le faut, je m'arrête pour dormir un peu.
Fumer ne retire pas la fatigue…

LE CONDUCTEUR C

La vigilance et l'attention

Je dois toujours être disponible pour agir sur les commandes du véhicule avec précision et rapidité. Attention également à ne pas avoir dans son champ visuel un écran : téléviseur, console de jeux vidéo ou lecteur dvd, car cela est désormais passible d'une amende, de la confiscation de l'appareil et d'un retrait de 3 points sur le permis de conduire.

Le temps de réaction peut beaucoup varier du seul fait que l'esprit est occupé ailleurs. En cela, téléphoner au volant est dangereux, même non tenu en main. Parfois les passagers, les enfants par exemple, perturbent la conduite. Je leur donne de quoi s'occuper.

Les médicaments

Un médicament est un élément actif qui produit des effets bénéfiques sur la maladie et des effets secondaires variables selon les personnes. Et les effets peuvent durer quelque temps après la fin d'un traitement !

Les effets indésirables nuisent à la qualité de conduite et concernent principalement :
- l'attention ;
- l'humeur ;
- l'équilibre,
- la fatigue.

Pictogrammes d'alerte : 3 catégories

Les médicaments à risque sont classés en trois catégories.
Je lis attentivement la notice et je m'informe au moins auprès du pharmacien sur les effets secondaires possibles.

J'interroge impérativement le pharmacien et/ou le médecin car il y a un risque important sur la conduite.

Je m'interdis de prendre le volant car il y a incompatibilité avec la conduite. Et je demande au médecin lorsque je peux reprendre cette activité !

LE CONDUCTEUR

Problèmes de vision liés à la conduite nocturne

La myopie :
L'être humain n'est pas adapté à la vision nocturne. Ainsi les yeux perdent-ils en qualité visuelle et deviennent-ils myopes.

Les contrastes :
Du fait que les faisceaux lumineux éclairent la route devant soi, les côtés sont plongés dans l'ombre. Un usager non éclairé ou sans éléments réfléchissants ne sera pas distingué, donc invisible.

Les distances :
La position des autres véhicules qui circulent est difficile à apprécier du fait du manque de référence dans l'environnement. Ils paraissent plus éloignés... Je dois m'en méfier lors des dépassements ou si je dois céder le passage.

La vitesse :
Par défaut d'éclairage sur les côtés je n'ai plus la notion de la vitesse et j'ai alors tendance à accélérer. Cette tendance est accentuée par le fait que je me sens en sécurité (faible trafic et éclairage visible des véhicules).

Les illusions :
Outre la baisse de vigilance, la fatigue favorise aussi les illusions d'optique. Ainsi, je peux voir des objets qui ne sont issus que de mon imagination ou plus loin ou plus près qu'ils ne sont.

LE CONDUCTEUR

L'alcool

Contrôle et sanctions :

L'alcool est incompatible avec la conduite ! Il est interdit de conduire avec un taux d'alcool égal ou supérieur à 0,25 milligrammes par litre d'air expiré (ou 0,5 g par litre de sang).

Attention ces taux sont réduits à 0,10 milligrammes par litre d'air expiré (ou 0,20 g par litre de sang) pour les conducteurs en période probatoire.

Si j'ai l'occasion de consommer de l'alcool, je prévois donc de savoir qui conduira.

Le contrôle d'alcoolémie peut être effectué à tout moment, même si je ne suis pas encore installé au volant. Attention ! Se présenter à la portière du véhicule, clés à la main, est une intention de conduire...

Le contrôle d'alcoolémie est obligatoire en cas d'infraction grave ou d'accident corporel.

Le dépistage commence par un alcootest électronique (éthylotest) ❶. S'il se révèle positif, le taux d'alcool est vérifié par un éthylomètre ❷ qui établit avec exactitude l'alcoolémie.

Éthylotest ❶

Éthylomètre ❷

LE CONDUCTEUR

Contravention	Amende	Points	Susp. PC	Prison
≥ 0,25 mg/l et < 0,40 mg/l d'air expiré ou ≥ 0,50 g/l et < 0,80 g/l de sang	135 €	6	3 ans	néant

Délits	Amende	Points	Susp. ou annul.	Prison
≥ 0,40 mg/l d'air expiré ou ≥ 0,80 g/l de sang ou en état d'ivresse ou refus de vérification alcool	4 500 €	6	3 ans	2 ans
Récidive ≥ 0,40 mg/l d'air expiré ou ≥ 0,80 g/l de sang ou en état d'ivresse ou refus de vérification alcool	9 000 €	6	annul 3 ans	4 ans
Usage de stupéfiants ou refus de dépistage stupéfiants	4 500 €	6	3 ans	2 ans
Usage de stupéfiants + alcool y compris contraventionnel	9 000 €	6	3 ans	3 ans

Le véhicule est immobilisé et peut être confisqué en cas de délit.
Contravention : amende minorée 90 € et amende majorée 375 €.

Voici comment circule l'alcool, entre le moment où il est avalé, et le moment où il est éliminé :

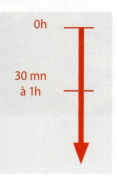

- je bois
- l'alcool passe dans l'estomac
- l'alcool passe dans l'intestin
- l'alcool passe dans le sang
- l'alcool est «brûlé» par le foie 95 %
- l'alcool est évacué par la sueur et l'urine 2,5 %
- l'alcool est expiré par les poumons 2,5 %

LE CONDUCTEUR C

Un verre servi dans un bar (10 g d'alcool pur) fait monter l'alcoolémie de 0,10 mg à 0,15 mg d'alcool par litre d'air expiré selon les individus. Chez soi, les doses sont souvent supérieures (x2 ou x3).

Attention, 2 verres peuvent déjà mener à l'infraction !

Il faut environ 2h pour éliminer un verre, soit entre 0,05 mg/l et 0,07 mg/l d'air expiré par heure !

Pour une femme, à poids égal et à dose égale, l'alcoolémie est plus élevée et l'élimination est plus lente que chez l'homme !

Si je mange, l'alcool met 1h pour passer dans le sang. Si je suis à jeun, l'alcool met 30 mn pour passer dans le sang.

Exemple d'une consommation et de l'élimination de l'alcool.

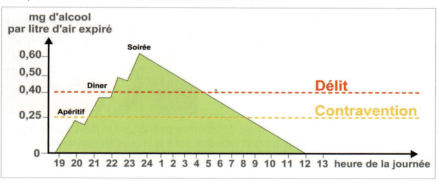

Au cours d'une soirée, je consomme de l'alcool jusqu'à monter l'alcoolémie à 0,60 mg/l d'air expiré (1,20 g/l de sang).
Plus je consomme et plus l'élimination ralentit.
À raison d'une heure pour éliminer 0,05 mg/l d'air expiré (0,10 g/l de sang), si j'arrête à minuit, mon alcoolémie sera à 0 seulement à midi. Je risque d'être en infraction à l'heure du petit déjeuner...

LE CONDUCTEUR

Les effets de l'alcool :

1 Le champ de vision rétrécit. Sans m'en apercevoir, je commence à mal apprécier les distances et les gestes manquent de précision.

2 J'ai des moments d'inattention, une mauvaise appréciation de la vitesse. Je découvre tardivement les situations de conduite.

3 Je perds certaines notions de conduite, avec un sentiment d'invulnérabilité. Je me sens optimiste quant à mes capacités.

Le plus grand danger réside dans le fait que le conducteur se sent bien et en pleine capacité de conduire !

1,5 mg/l : Risque important de coma éthylique
2,5 mg/l : Risque de mort

Il n'existe aucun antidote pour éliminer l'alcool. AUCUN ! Dans ce cas, une seule solution : ne pas conduire !
Le plâtrage de l'estomac avec de l'huile ou tout autre produit peut se révéler très dangereux (choc éthylique).

Cannabis et autres drogues

Le cannabis produit des effets dangereux, similaires à ceux de l'alcool.
Attention, la combinaison alcool + drogue est très dangereuse ! Le risque d'accident grave est multiplié par 15.

La conduite sous stupéfiant est punie des mêmes peines que le délit d'alcoolémie. Le contrôle est effectué avec un test salivaire, sans que la présence d'un médecin soit nécessaire, ou urinaire. Il est généralisé dans toute la France.

Drogue et alcool augmentent dangereusement le temps de réaction !

LE CONDUCTEUR C

📋 EN RÉSUMÉ

✓ Le minimum d'acuité visuelle est de 5/10 pour les deux yeux. 5/10 si un œil est inférieur ou égal à 1/10. Un borgne accidentel doit attendre 6 mois avant de pouvoir conduire de nouveau.
✓ Le temps moyen de réaction dure environ 1 seconde. Pour suivre un autre usager, je laisse 2 secondes de distance de sécurité.
✓ 40 % des accidents graves sont liés à la fatigue. Je m'arrête 20 minutes toutes les deux heures.
✓ Téléphoner (bluetooth) est dangereux et interdit (tenu en main ou oreillette).
✓ Il existe trois niveaux de dangerosité d'un médicament. Chacun est signalé par un logo : jaune pour des effets gênants, orange pour des effets dangereux et rouge pour une contre-indication totale de conduite.
✓ Conduire avec une alcoolémie égale ou supérieure à 0,25 mg/l d'air expiré ou 0,5 g/l de sang est une contravention (0,10 mg/l d'air expiré ou 0,2 g/l de sang en période probatoire).
✓ Conduire avec une alcoolémie égale ou supérieure à 0,40 mg/l d'air expiré ou 0,8 g/l de sang ou est un délit.
✓ La drogue se détecte à l'aide d'un test salivaire ou urinaire. L'infraction est punie comme pour un délit d'alcoolémie.

✏️ MINI ÉVAL

1- Pour pouvoir conduire, je dois avoir une vision binoculaire de 5/10 au moins :
OUI _____ A ❑
NON _____ B ❑

2- Dans un bar, chaque verre d'alcool contient :
5 g d'alcool pur _____ A ❑
10 g d'alcool pur _____ B ❑
15 g d'alcool pur _____ C ❑
20 g d'alcool pur _____ D ❑

3- Le logo qui demande le plus d'attention vis-à-vis de la conduite est :
le logo de niveau 1 _____ A ❑
  ou
le logo de niveau 3 _____ B ❑

Réponses : 1-A 2-B 3-B

ÉVALUATION

1- L'alcool est mis en cause dans les accidents graves, à hauteur :
de 15 % _____ A ❏
de 25 % _____ B ❏
de 30 % _____ C ❏

2- Lors d'un accident mortel, on peut procéder à un test de dépistage de drogue :
OUI _____ A ❏
NON _____ B ❏

3- À une vitesse de 50 km/h, je conduis ici en toute sécurité :
OUI _____ A ❏
NON _____ B ❏

4- Il est déconseillé de conduire après avoir bu :
deux verres d'alcool :
OUI _____ A ❏   NON _____ B ❏
quatre verres d'alcool :
OUI _____ C ❏   NON _____ D ❏

5- Ce logo placé sur une boîte de médicament :
Interdit la conduite des véhicules _____ A ❏
Invite à lire la notice d'utilisation _____ B ❏
Signale des effets gênants pour la conduite __ C ❏

ÉVALUATION C

6- Abaisser la vitesse à 30 km/h permet d'élargir le champ de vision du conducteur :
OUI _____ A ☐
NON _____ B ☐

7- L'alcool commence à altérer la vision à partir :
d'un verre _____ A ☐
de deux verres _____ B ☐
de trois verres _____ C ☐

8- L'usage d'alcool ou de cannabis est :
dangereux pour la santé _____ A ☐
dangereux sur la route _____ B ☐
interdit en conduisant _____ C ☐
banalisé chez tous les conducteurs ___ D ☐

9- Consommer de la drogue avant de conduire :
augmente le temps de réaction
OUI _____ A ☐   NON _____ B ☐
provoque au volant les mêmes effets que l'alcool
OUI _____ C ☐   NON _____ D ☐

10- Un accident vient de se produire et j'arrive en premier sur les lieux.
La procédure à respecter est dans l'ordre :
Alerter-secourir-protéger _____ A ☐
Alerter-protéger-secourir _____ B ☐
Protéger-alerter-secourir _____ C ☐

Réponses : 1-C 2-A 3-B 4-AC 5-BC 6-A 7-A 8-ABC 9-AC 10-C

Notes

R / LA ROUTE

Selon les conditions d'adhérence ou de visibilité, la circulation n'est pas identique. Certaines infrastructures nécessitent une adaptation spécifique ou le respect de règles particulières, comme dans les tunnels ou lors du franchissement des passages à niveau.

R LA ROUTE

Les routes

Le réseau routier comporte environ un million de kilomètres de routes, dont une dizaine de milliers de kilomètres d'autoroutes ou assimilées.
Elles peuvent être à sens unique❶ ou à double sens de circulation❷.

❶

La route est composée d'une chaussée ❸ pour circuler, et d'accotements❹ pour le stationnement ou pour les piétons. En agglomération, les accotements sont aménagés en trottoirs. La chaussée est partagée en voies qui sont ou non délimitées par un marquage au sol.

❷

Attention aux chemins de terre❺! Ils peuvent être l'aboutissement d'une voie privée, ou d'une voie agricole ou forestière. En règle générale, je cède le passage en m'insérant sur la route.

❺

Les catégories de routes

E 11	A 75	N 89	D 28	C 6	F 7
Européenne	Autoroute	Nationale	Départementale	Communale	Forestière

Les couleurs des cartouches placés en haut des panneaux de direction ou de localisation, ainsi que sur les bornes le long des routes, permettent de connaître la catégorie de route sur laquelle je circule. Le numéro inscrit permet de me repérer sur une carte routière.

LA ROUTE   R

Il existe toutes sortes de routes, du chemin de terre à l'autoroute. À chacune ses règles particulières, mais aussi et surtout des comportements adaptés en raison de la diversité des usagers et du motif des déplacements.

Résidence et centre-ville

Piétons de tous âges et cyclistes en sont les principaux utilisateurs.
Les centres-villes sont de plus en plus dotés de « zones 30 », où la vitesse est limitée à 30 km/h, d'aires piétonnes❶ où la circulation s'effectue au pas, et de « zones de rencontre ❷ » où la vitesse est limitée à 20 km/h.

L'urbanisation

Les piétons, les cyclistes et les véhicules automobiles utilisent les rues. Bien souvent, circuler à 50 km/h est excessif.

Route péri-urbaine

Il arrive que l'entrée de l'agglomération soit limitée à 70 km/h sur des routes aménagées et protégées.
Elles desservent souvent des secteurs économiques ou industriels.

Route à accès réglementé

Une rocade ou encore des routes de liaison inter-agglomérations peuvent être limitées à quelques catégories d'usagers.
Attention, ces routes peuvent être à sens unique ou à double sens !

R — LA ROUTE

S'insérer

C'est partir d'un arrêt ou d'une vitesse réduite, pour atteindre celle du flot de circulation.

Quitter un parking ou une propriété

Les règles du code de la route s'appliquent en tout lieu accessible au public !
Les supermarchés en font partie.
Pour m'insérer sur la voie publique, je dois céder le passage aux autres usagers (piétons et véhicules).

À partir du bord de la route

Je peux être garé sur l'accotement ou le long du trottoir.
Le rétroviseur intérieur va dans un premier temps m'informer sur l'arrivée des usagers qui circulent sur l'axe. Le relais est pris par le rétroviseur extérieur (gauche ou droit selon le côté où je stationne pour m'assurer qu'aucun véhicule n'est dans l'angle mort). Enfin, une observation directe en me retournant termine ma prise d'information.

LA ROUTE R

Voie d'insertion

Ma vitesse, au début❶, me laisse le temps de prendre les informations sur le trafic et de décider du moment où je vais me lancer.
Je mets le clignotant et j'accélère franchement❷. Je ne m'insère❸ enfin que lorsque ma vitesse est proche de celle des autres usagers, sans gêner qui que ce soit.
Pour rappel : céder le passage, c'est ne pas faire ralentir ni faire changer la trajectoire des autres usagers.

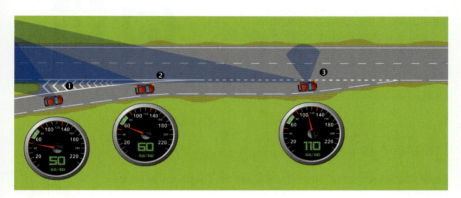

Cas particuliers :

Si possible, j'aide les poids lourds, les attelages caravanes, ou tous les autres usagers en difficulté, à s'insérer. Pour cela, je peux gagner la voie de gauche ou ralentir.

Il arrive que le trafic soit très chargé, auquel cas la courtoisie prend le pas sur la règle. Chacun s'intercale comme une fermeture éclair.

Freiner ou s'arrêter en fin de voie est dangereux car des usagers me suivent. Je régule ma vitesse pour sortir derrière le camion.

R | LA ROUTE

Manœuvrer

Pour dégager une place, pour me ranger, pour faciliter le passage sur une chaussée étroite par exemple, j'ai parfois besoin de manœuvrer.

Reculer

Cette manœuvre peut s'avérer délicate, voire dangereuse. Elle est interdite : sur route à accès réglementé ❶, sur autoroute ❷, et en tout lieu où un autre usager pourrait ne pas me voir manœuvrer.

La manœuvre s'effectue toujours en se retournant, en vision directe.

Effectuer un demi-tour

Cette manœuvre peut être interdite car on coupe les voies de circulation.
Il est souvent préférable de l'effectuer en utilisant une intersection dégagée, ou en faisant le tour du quartier.
Si vous êtes obligé de la faire, utilisez un endroit avec une bonne visibilité et procédez en suivant les instructions du schéma.

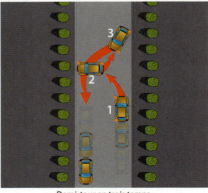

Demi-tour en trois temps

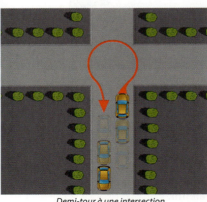

Demi-tour à une intersection

LA ROUTE R

EN RÉSUMÉ

✓ Le réseau routier français est constitué d'un million de kilomètres de routes, dont 10 000 sont des autoroutes ou assimilées.
✓ S'insérer dans la circulation à partir du trottoir, d'un parking ou d'une voie privée exige toujours de céder le passage aux autres usagers.
✓ S'insérer en se lançant à partir d'une voie réclame une bonne observation avant même d'accélérer. Je mets le clignotant à gauche lorsque je décide de me lancer.
✓ Reculer pour manoeuvrer demande de se retourner en vision directe. Je vérifie que je ne gêne personne et qu'on me laisse reculer. Le demi-tour doit rester exceptionnel. Toujours préférer un rond-point ou le tour du quartier, ou encore une large intersection dégagée.

MINI ÉVAL

1- La vitesse est obligatoirement limitée à 110 km/h :
OUI _____ A ☐
NON _____ B ☐

2- La visibilité est d'environ 50 mètres. Je limite ma vitesse :
- à 80 km/h _____ A ☐
- à 60 km/h _____ B ☐
- à 50 km/h _____ C ☐

3- Je suis un conducteur novice. Ma vitesse sera limitée :
à 70 km/h _____ A ☐
ou
à 60 km/h _____ B ☐

Réponses : 1-B 2-C 3-A

R — LA ROUTE

Autoroutes et voies rapides

Définition

L'autoroute est une chaussée à sens unique, sans intersection, interdite à tous les véhicules qui se conduisent sans permis de conduire (piétons ❶, cyclistes ❷, cyclomotoristes ❸, tracteurs agricoles ❹, voiturettes et quads).

L'autoroute est délimitée par des panneaux de début ❺ et de fin ❻.
Les routes à accès réglementé à chaussées séparées ressemblent pour beaucoup à des autoroutes. Les règles de circulation et les interdictions y sont quasiment les mêmes.
Attention, ces routes à accès réglementé (panneau de début ❼ et panneau de fin ❽) ne sont pas toujours à chaussées séparées et comportent parfois des intersections !

Les parties de l'autoroute

On arrive sur l'autoroute par une bretelle d'accès prolongée d'une voie d'intersection dite voie d'accélération ❾. La chaussée d'autoroute comporte au moins 2x2 voies séparés par un terre-plein central. A l'extrémité droite de la chaussée existe une bande d'arrêt d'urgence ❿ où il est interdit de circuler, de s'arrêter ou de stationner, sauf en cas de panne ou d'accident. On quitte l'autoroute par une voie de décélération qui donne sur une bretelle de sortie.

Bifurcation autoroutière

Les interdictions

L'arrêt et le stationnement sont interdits (bande d'arrêt d'urgence, terre-plein central ou les accotements) en dehors des aires de repos et de services.
La marche arrière et le demi-tour sont interdits.

LA ROUTE

Les vitesses

Pour rappel, les vitesses sont ramenées à 110 km/h sur autoroute❶ et à 100 km/h sur chaussées séparées❷ durant :
- la conduite accompagnée 👥.
- la période probatoire Ⓐ ;

110 km/h sur chaussées séparées, soit respectivement 100 km/h pour les conducteurs novices.

Il n'y a pas de vitesse minimale sur les autoroutes sauf pour circuler sur la voie à gauche. Je dois cependant avertir avec les feux de détresse lorsque je circule à une vitesse anormalement lente. S'il s'agit d'une panne, je peux alors circuler à allure réduite sur la bande d'arrêt d'urgence pour rejoindre une aire protégée.

Dans des conditions normales de circulation, la voie la plus à gauche sur une autoroute est interdite si je circule à une vitesse inférieure à 80 km/h.

La voie réservée aux véhicules lents est obligatoire si la vitesse est inférieure ou égale à 60 km/h. Une signalisation complémentaire peut être apportée dans le cas d'un risque de heurt de véhicules lents❸.

Par visibilité inférieure à 50 m, je ne dépasse pas la vitesse de 50 km/h.

La distance de sécurité

Deux traits de la bande d'arrêt d'urgence correspondent aux deux secondes obligatoires d'espace de sécurité.

Cette signalisation est implantée sur des sections d'autoroute ou de route à chaussées séparées. Chaque panneau est distant de 300 m.

R LA ROUTE

Bifurcation et jonction

Bifurcation d'autoroutes :

Un échangeur❶ est une bifurcation qui est bien souvent suivie d'une jonction. L'autoroute se sépare en deux branches. Je reste vigilant car c'est un lieu où les usagers changent de voies selon la direction qu'ils vont emprunter.

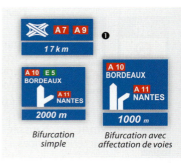

Bifurcation simple

Bifurcation avec affectation de voies

Jonction :

Deux autoroutes se rejoignent pour n'en faire plus qu'une. Parfois l'autoroute passe alors de deux voies à trois ou quatre voies pour se réduire ensuite.
Il n'y a pas de panneau spécifique de direction.
Dans tous les cas, une branche de l'autoroute cède le passage à l'autre branche.

Les aires de repos et de services

Sur autoroute, les aires de repos sont distantes entre elles d'environ une dizaine de minutes. Une pause toutes les deux heures est un minimum. Les enfants ont besoin de plus et de se détendre souvent.

Certaines n'offrent qu'une aire de repos et d'hygiène❶, d'autres des services de restauration❷, de commerce❸, de carburant❹, d'entretien❺ ou encore de détente❻.

Sous chacun de ces panneaux une distance indique où se situe le prochain service.

15 km

LA ROUTE R

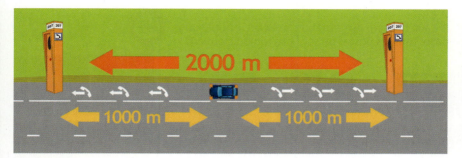

Les bornes d'appel d'urgence

Sur autoroute, elles sont distantes de 2 km. Elles servent pour une panne ou un accident. Je serai en relation directe avec les secours.

Ce panneau indique le poste le plus proche.

Pour le rejoindre, je suis les indications en prenant soin de marcher derrière le rail de sécurité.

Au préalable, j'ai placé les passagers derrière le rail, car rester dans le véhicule peut être très dangereux.
Il suffit ensuite d'appuyer sur un bouton pour entrer en contact avec les secours. Il sera toujours préférable d'utiliser les bornes d'appel d'urgence plutôt que son propre téléphone.

Sur route, les bornes peuvent être signalées par un panneau.

LA ROUTE

Les barrières de péage

Il y a la barrière où je prends un ticket, et celle où je paye. Tous les postes ne sont pas toujours ouverts.

Fermé — Ouvert

Je vais choisir la voie ouverte qui me conduit au mode de paiement désiré.

Tous modes de paiement — Carte bancaire — Monnaie — Abonnés poids lourds et télépéage

À la sortie, je paye en fonction du kilométrage parcouru et de la classe du véhicule. Un trajet avec un camion ou une caravane coûte plus cher qu'avec un véhicule de tourisme.

En cas de perte du ticket, je paye la distance la plus longue.

Pour utiliser le télépéage, je dois être muni d'un badge. Je circule au pas et mon passage est alors automatiquement enregistré.

Attention, au niveau du paiement automatique avec la carte bancaire et au télépéage, la hauteur est souvent limitée !

Rouge : je m'arrête - Vert : je passe

Quitter l'autoroute ou une voie rapide

Le principal problème en quittant une voie rapide réside dans l'adaptation de la vitesse au nouvel environnement. On a toujours l'impression de circuler lentement.

Je préfère effectuer une pause pour faire une rupture avec le rythme précédent.

LA ROUTE

EN RÉSUMÉ

✓ L'autoroute est un milieu fermé accessible aux véhicules nécessitant un permis de conduire.
✓ Les routes à accès réglementé à chaussées séparées sont soumises aux mêmes règles que l'autoroute à l'exception de la vitesse.
✓ La chaussée est à sens unique et la bande de l'accotement à droite est réservée à l'urgence.
✓ L'arrêt et le stationnement, la marche arrière et le demi-tour sont interdits sur la bande d'arrêt d'urgence.
✓ La vitesse est limitée à 130 km/h sur autoroute et à 110 km/h sur les chaussées à sens unique à accès réglementé.
✓ Pour circuler sur la voie de gauche de l'autoroute, la vitesse ne peut pas être inférieure à 80 km/h dans les conditions normales de circulation.
✓ La distance de sécurité correspond à deux traits de la bande d'arrêt d'urgence, soit 2 secondes.
✓ Une pause toutes les 2 heures permet de se détendre et de se reposer.
✓ Les bornes d'appel d'urgence sont disposées tous les deux kilomètres.
✓ Les voies de péage sont indiquées selon le mode de paiement. Le télépéage peut être franchi au pas, sans devoir s'arrêter.
✓ Après avoir quitté l'autoroute, je m'oblige à maîtriser ma vitesse.

MINI ÉVAL

1- Après ce panneau la limitation de vitesse est de :
- 130 km/h _____ A ❏
- 110 km/h _____ B ❏
- 80 km/h _____ C ❏

2- En cas de panne sur l'autoroute, je peux obtenir de l'aide grâce aux bornes d'appel d'urgence :
OUI _____ A ❏
NON _____ B ❏

Réponses : 1-C 2-A

LA ROUTE

Montagne

La montagne présente des conditions spécifiques de conduite : de longues côtes, de longues descentes, et surtout des virages très serrés. La conduite hivernale demande de l'expérience.

La montagne

Les cols sont ouverts ou fermés en période hivernale ; et les équipements spéciaux peuvent devenir obligatoires.

Ce feu se déclenche automatiquement lors d'avalanches et de coulées de boues !

Les descentes

J'évite de freiner en descente et j'utilise le frein moteur car je risque de chauffer les freins (fading), jusqu'à les rendre inefficaces.

En cas de défaillance de freins, je me sers du bas-côté pour m'arrêter.

LA ROUTE

Neige et verglas

A partir du mois de novembre, j'équipe mon véhicule de pneus spéciaux pour la neige et le verglas, pour la durée hivernale.

Les pneus à crampons (pneus à clous) sont autorisés du 1er novembre au 31 mars de l'année suivante. Un disque est apposé à l'arrière de la voiture et la vitesse est alors limitée à 90 km/h. Les chaînes à neige ou les pneumatiques hiver sont obligatoires en présence du panneau.

Le croisement

Pour rappel, c'est celui qui descend qui doit s'arrêter en premier afin de faciliter la montée de l'autre usager.

S'il faut manoeuvrer, c'est le plus léger ou le véhicule isolé par rapport au véhicule articulé.
Un car ne recule pas !

Parfois le passage est régulé par panneaux ou par feux.

R LA ROUTE

Les virages et lacets

Les virages sont bien souvent des épingles à flanc de montagne. Les véhicules lourds ou encombrants ont parfois besoin de toute la place pour virer. Je leur facilite le passage.
Lorsqu'il existe un risque de heurt de véhicules lents en montée, ce type de signalisation peut être implantée❶ et répétée. L'usage de l'avertisseur sonore, s'il est interdit en agglomération, n'est pas, contrairement à ce qu'on pense, interdit en montagne. Il est même parfois utile dans un lacet d'avertir de sa présence lorsque la route est étroite.

La vie de la montagne

Dans les pâturages ou dans les parcs naturels, les animaux sont en liberté !

L'hiver, les blocs se détachent en fin de matinée lors du dégel.
Ce panneau signale des pierres qui tombent ou qui sont déjà sur la chaussée.
En certains lieux l'arrêt et le stationnement peuvent y être interdits.

LA ROUTE R

EN RÉSUMÉ

✓ En région montagneuse je trouve des panneaux spécifiques.
✓ Un feu rouge clignotant peut interdire la circulation. Il se déclenche automatiquement lors d'une avalanche ou une coulée de boue.
✓ En cas de croisement difficile, celui qui descend s'arrête en premier. Si l'on doit effectuer une marche arrière, c'est le plus léger qui recule ou le véhicule isolé par rapport au véhicule articulé. Sauf s'il existe un emplacement proche.
✓ J'utilise le frein moteur en descente et je ralentis avant d'aborder un lacet.

MINI ÉVAL

1- Je peux m'arrêter _____ A ❏
   Je peux stationner _____ B ❏
   Je continue ma route _____ C ❏

2- Dans cette descente :
Je continue _____ A ❏
Je m'arrête _____ B ❏

3- La signalisation est :
temporaire
OUI _____ A ❏   NON _____ B ❏
permanente
OUI _____ C ❏   NON _____ D ❏

4- Klaxonner est interdit en montagne :
OUI _____ A ❏
NON _____ B ❏

Réponses : 1-C   2-B   3-AC   4-B

LA ROUTE

La nuit

Lorsqu'il fait nuit et que le lieu n'est pas éclairé ou mal éclairé, j'utilise les feux de route.

Feux de position   Feux de croisement   Feux de route

Hors agglomération

J'utilise les feux de route ! Sauf :
→ si la route est éclairée en permanence ;
→ si je rejoins ou si je croise un usager.
Cet autre usager peut aussi être un piéton, un cycliste...
Dans ce cas, je circule en feux de croisement.
Avant d'aborder un virage, il est souvent nécessaire de repasser en feux de croisement, afin de ne pas éblouir un usager qui arriverait dans la courbe.

En agglomération

Je suis autorisé à circuler avec les seuls feux de position lorsque l'éclairage est suffisant. Mais ce n'est pas recommandé car je suis alors moins bien vu parmi les autres qui circulent en feux de croisement.
Mieux vaut circuler en feux de croisement.
S'il n'y a aucun éclairage, je circule avec les feux de route.

Éblouissement

Je peux régler le rétroviseur intérieur sur la position « nuit ». En cas d'éblouissement devant moi, j'effectue un appel de feux et je ralentis.
En aucun cas je ne maintiens les feux de route !

LA ROUTE R

Je regarde à droite entre la ligne de rive et les feux.
Je ne fixe pas la ligne médiane car je risque alors de m'y diriger insensiblement.
Selon la charge du véhicule, sous le capot ou sous le tableau de bord, une molette ❶, permet d'effectuer le réglage des feux en hauteur afin de ne pas éblouir l'usager en face.

Croisements

Quand passer des feux de route en feux de croisement ?
Il n'y a pas de distance précise.
Lorsque celui d'en face commence à m'éblouir ou s'il passe en feux de croisement, c'est le moment pour moi aussi de passer en feux de croisement.
En rejoignant un usager, lorsque les feux de route commencent à éclairer l'arrière de son véhicule, je passe en feux de croisement.

Dépassements

La nuit, lorsque je m'apprête à dépasser un usager, j'utilise les feux de croisement. Arrivé à sa hauteur, je vais passer en feux de route et lui en feux de croisement. J'effectue ce changement lorsque je suis sûr de ne pas l'éblouir dans son rétroviseur extérieur gauche.

Stationnement

La nuit, hors agglomération :

L'arrêt et le stationnement s'effectuent sur l'accotement. Du fait que le véhicule n'est pas sur la chaussée, il ne faut pas le signaler, sinon il risquerait d'induire en erreur les autres usagers qui circulent.

La nuit, en agglomération :

S'il existe des emplacements délimités et protégés, il n'est pas utile d'allumer les feux de stationnement ou de position en l'absence d'éclairage public.
Il en est de même le long du trottoir si un bon éclairage existe toute la nuit.

R | LA ROUTE

La vitesse

Lorsque je passe des feux de route, qui éclairent à 100 m, en feux de croisement, dont la portée est réduite à 30 m, je me retrouve soudainement dans un trou noir.

A 80 km/h, il me faut environ 65 m pour m'arrêter !

Cela signifie qu'il me manque au moins 35 m d'informations concernant la distance nécessaire à l'arrêt.
Je dois donc impérativement ralentir lorsque je passe des feux de route aux feux de croisement.

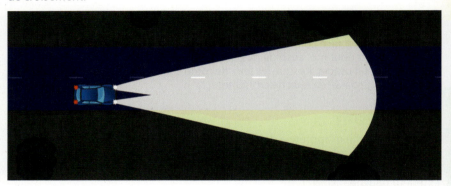

Feux de route

80 km/h - Distance d'arrêt = 65 m

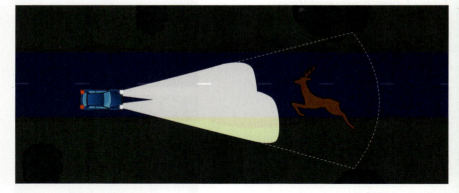

Feux de croisement

LA ROUTE — R

📋 EN RÉSUMÉ

✓ La nuit sans éclairage, je circule en feux de route.
✓ Je circule en feux de croisement en présence d'autres usagers.
✓ En agglomération éclairée, je suis autorisé à circuler avec les seuls feux de position.
✓ Le passage des feux de route aux feux de croisement exige de ralentir.

✎ MINI ÉVAL

1- **Ce rétroviseur intérieur possède deux positions, jour et nuit :**
OUI _____ A ☐
NON _____ B ☐

2- **Les feux de croisement doivent porter au moins à 100 m.**
OUI _____ A ☐
NON _____ B ☐

4- **Je dois circuler :**
en feux de croisement _____ A ☐
en feux de route _____ B ☐

Réponses : 1-A 2-B 3-B

R LA ROUTE

Les intempéries

> Lorsque la visibilité s'amenuise du fait de la météorologie ou de l'éclairement, je dois allumer les feux de croisement !

 Les feux de position seuls ne suffisent pas, et sont réservés à l'agglomération éclairée.

 Feux de croisement, c'est le minimum !

 Les feux de route s'utilisent uniquement la nuit sans éclairage public ou pour faire un appel lumineux.

 Par temps de brouillard, des chutes de neige ou de forte pluie, j'allume les feux avant de brouillard avec ou en remplacement des feux de croisement. Je peux les utiliser la nuit hors agglomération, avec les feux de route sur route étroite et sinueuse.

 Le ou les feux arrière de brouillard s'utilisent par temps de brouillard ou de chute de neige. Dans ce cas, il faut être vu !
Sous la pluie seule, je ne les utilise pas.

Pour s'en souvenir : « les BN, plutôt associés au goûter des enfants, sont à l'arrière ».

BNP
(Brouillard / Neige / Pluie)

BN
(Brouillard / Neige)

La pluie

En début de pluie, la chaussée devient aussi glissante que sur le verglas. Ensuite, la pluie nettoie naturellement la chaussée. Sur une chaussée mouillée, l'adhérence diminue environ de moitié par rapport à une route sèche.
Attention aux piétons lorsque je passe dans une flaque d'eau ! De plus, une flaque peut cacher un trou...
Lorsque le temps est pluvieux, la vitesse est limitée sur les routes❶, sur les chaussées séparées❷ et sur les autoroutes❸.

AQUAPLANAGE

LA ROUTE   R

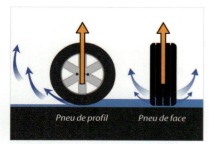
Pneu de profil   *Pneu de face*

Aquaplanage :

Les sculptures des pneus permettent l'évacuation de l'eau. Lorsqu'elles ne peuvent plus évacuer l'eau devant le pneu, celui-ci se soulève. Il n'y a alors plus d'adhérence ni de direction possible.

L'aquaplanage (aquaplaning ou hydroplanage) commence à apparaître vers 60 ou 70 km/h avec des pneus en limite d'usure.

Accessoires :

Les essuie-glaces fonctionnent en général sur trois vitesses : intermittente, normale et rapide, selon l'intensité de la pluie ou des projections d'eau. Un essuie-glace arrière équipe bon nombre de véhicules.

Le lave-glace permet de nettoyer le pare-brise et la lunette arrière avec un produit détergent antigel.
Il peut y avoir un réservoir à l'avant et un autre à l'arrière.

J'utilise les aérateurs, le réglage de température et la ventilation forcée pour désembuer les vitres de l'habitacle. Je peux aussi laisser fuser un filet d'air d'une vitre pour accélérer le désembuage.

Il est souvent nécessaire d'activer le dégivrage (ou désembuage) de la lunette arrière. Sur certains modèles, l'extinction est automatique. C'est un gros consommateur d'énergie.

LA ROUTE

Le brouillard

Le brouillard apparaît par temps frais et humide (printemps et automne) dans des zones exposées, proches des points d'eau et des rivières. Il est souvent présent par nappes et masque soudainement la visibilité.
Je ralentis fortement avant d'entrer dans une nappe !

La Couze Pavin

Je ne me rapproche pas d'un usager devant moi. J'augmente la distance de sécurité.

La vitesse est limitée à 50 km/h si la visibilité est inférieure à 50 m.
J'évite au maximum les dépassements.
Je me guide au sol en me plaçant bien entre la ligne de rive et la ligne médiane, car si je dois me méfier du sens inverse de circulation, je dois aussi me méfier des deux-roues à droite.

Attention ! Je dois couper les feux de brouillard lorsqu'il n'y a plus de brouillard. Les feux de route sont inefficaces par temps de brouillard car celui-ci agit comme un écran et renvoie la lumière sur le conducteur.

La neige

La neige transforme la chaussée qui devient alors glissante en fonction de la température et du tassement. L'adhérence peut varier et être comparable à un début de pluie, jusqu'à une patinoire verglacée.

LA ROUTE R

Je reste loin des engins de déneigement et de salage en action. Je leur facilite les manœuvres, surtout aux intersections. Il est alors interdit de les dépasser, même sur autoroute !

Avant de circuler, je retire toute la neige accumulée sur le toit et le capot.
Je ne fais jamais disparaître la glace des vitres avec de l'eau chaude car je risque de les éclater (choc thermique).

Les chaînes se montent sur les roues motrices. Elles sont obligatoires en présence du panneau. Les pneus neige « thermogomme ou thermocontact » sont aussi autorisés.

Les feux de brouillard avant ou arrière peuvent être utilisés lorsqu'il neige.

Le verglas

Le verglas est sournois, car il est souvent présent par beau temps sec. Je me méfie à l'approche d'une rivière, d'un lac, d'un pont, et en des lieux ventés à l'abri du soleil.
L'adhérence devient alors quasi nulle...

Attention au gel :
Mettre de l'antigel dans le radiateur et du liquide «lave-glace» dans les bocaux des lave-glaces.
J'évite de serrer le frein à main, qui risque de rester bloqué par le gel.
Je conduis avec souplesse, en maniant le volant du « bout des doigts ».
Les accélérations sont douces, pour une vitesse très réduite.
Je ralentis longtemps à l'avance, en lâchant graduellement l'accélérateur.
Si je rétrograde une vitesse, j'embraye très souplement.

Attention aux chutes de grêle :
Les risques de grêle sont fréquents lors des giboulées de printemps et des orages d'été. Ralentir comme si vous rouliez sur la neige.

Le vent

Le vent peut souffler fort de manière régulière, ou par rafales.
J'en ressens les effets dans diverses situations :
→ en arrivant à un endroit signalé par une manche à air ;
→ après un immeuble ;
→ après une butte ;
→ pendant le dépassement ou à la fin du dépassement d'un poids lourd ;
→ sur un pont...

La force du vent est donnée par l'inclinaison de la manche à air.
Plus le vent est fort, plus la manche monte à l'horizontale.
De plus, elle indique l'orientation du vent. Gare au vent latéral...

Vent nul   Vent moyen venant de la gauche   Vent violent venant de la gauche

Attention aux chutes de branches (parfois d'arbres lors de tempêtes) ou de conteneurs d'ordures ménagères étant tombés sur la chaussée par exemple.

Je ne dois pas cramponner fermement le volant mais plutôt me préparer à rectifier en souplesse la trajectoire. Pas de coup de volant !

LA ROUTE — R

 EN RÉSUMÉ

✓ Les feux de croisement s'allument dès que la visibilité se dégrade ou que la luminosité baisse.
✓ Les feux de brouillard avant s'allument par temps de brouillard, lorsque la neige tombe et par forte pluie. Ils peuvent être allumés avec les feux de route sur route étroite et sinueuse, hors agglomération.
✓ Le ou les feux de brouillard arrière s'allument seulement par temps de brouillard et lorsque la neige tombe.
✓ Sous la pluie, la chaussée devient glissante et l'aquaplanage peut survenir très tôt. Les vitesses sont alors réglementairement abaissées.
✓ Les essuie-glaces, les lave-glaces et les aérateurs servent à conserver une bonne visibilité.
✓ Attention aux nappes de brouillard. Je suis limité à 50 km/h par visibilité inférieure à 50 m.
✓ Dans le brouillard, je ne roule jamais près d'un autre usager.
✓ Il est interdit de dépasser un chasse-neige ou un engin de salage en action.
✓ Je facilite le passage des engins de déneigement en tout lieu.
✓ Le verglas apparaît près des lieux humides. Il demande une conduite en souplesse et une vitesse très réduite.
✓ Le vent est particulièrement dangereux lorsque je sors d'un endroit abrité. La manche à air indique la force et le sens du vent. Mon action sur le volant est souple.

MINI ÉVAL

1- Je circule avec les feux :
de route _____ A ❑
de brouillard avant _____ B ❑
de brouillard arrière _____ C ❑
de croisement _____ D ❑

2- Je dois retirer la neige du toit et des plaques pour circuler :
OUI _____ A ❑
NON _____ B ❑

Réponses : 1-BCD 2-A

R ÉVALUATION

1- La nuit tombe. J'allume :
les feux de position seuls _____ A ❑
les feux de croisement _____ B ❑
les feux de route _____ C ❑

2- Je passe en feux de croisement. Je dois ralentir :
OUI _____ A ❑
NON _____ B ❑

3- La partie grise métallisée du bloc de feux est :
le feu arrière de brouillard _____ A ❑
ou
le feu de recul _____ B ❑

4- La portée des feux de route est au minimum :
à 50 m _____ A ❑
à 100 m _____ B ❑
à 150 m _____ C ❑

5- Dans cette situation :
je peux continuer mon dépassement
OUI _____ A ❑   NON _____ B ❑
je vais être gêné par le vent
OUI _____ C ❑   NON _____ D ❑

ÉVALUATION — R

6- Je peux faire un bref appel de feux de route :
OUI _____ A ❏
NON _____ B ❏

7- A l'approche de ce poste de péage, je peux éteindre mes feux :
OUI _____ A ❏
NON _____ B ❏

8- En cas d'éblouissement :
- je ralentis _____ A ❏
- je me rapproche du véhicule devant moi _____ B ❏
- je regarde entre les lignes au sol ____ C ❏

9- Je peux klaxonner pour avertir de mon dépassement :
OUI _____ A ❏
NON _____ B ❏

10- Pour nettoyer le pare-brise des insectes collés, le lave-glace suffit :
OUI _____ A ❏
NON _____ B ❏

Réponses : 1-B 2-A 3-B 4-B 5-AD 6-A 7-B 8-AC 9-A 10-B

LA ROUTE

Tunnels

Le passage d'un tunnel demande des précautions et un comportement adapté afin de le rendre le plus sûr possible, car c'est un lieu enfermé qui peut tout à coup se révéler très dangereux.

Que les tunnels soient longs ou courts, il existe des règles à respecter, même s'il n'y a pas toujours de panneau pour les prescrire.
En agglomération, dans un tunnel éclairé, j'allume au moins les feux de position ; hors agglomération j'allume les feux de croisement. Si le tunnel n'est pas éclairé, j'allume les feux de route, à condition de ne pas gêner.

L'accès peut-être interdit ou régulé en convoi protégé.

L'arrêt et le stationnement sont interdits !

Ces panneaux sont là pour me rappeler que les tunnels ne sont pas toujours bien larges, ni bien hauts. Si la circulation s'effectue à double sens, je ralentis et je serre à droite.

La vitesse est souvent limitée.

Ces panneaux d'entrée et de sortie de tunnel sont implantés lorsque ces derniers font plus de 300 m de long.

Je respecte systématiquement la distance de sécurité.

Je reste à l'écoute de la station qui émettra automatiquement des alertes et des consignes en cas d'incident sous un tunnel.

LA ROUTE   R

L'entrée

Certains longs tunnels sont gérés par des sociétés et sont payants. La sécurité y est alors assurée par une surveillance vidéo❶ 24h/24 et des équipes spécialisées. Des radars enregistrent les vitesses.

Si mon véhicule fonctionne au GPL, je dois le déclarer.
J'ai auparavant vérifié le niveau de carburant de mon véhicule pour ne pas tomber en panne.

Je respecte les signaux

Je n'entre pas dans le tunnel car il y a danger !

Dans le tunnel

Dans certains tunnels, des lumières bleues aident à maintenir la distance entre les véhicules.
Il faut laisser deux lumières bleues entre chaque véhicule.

Je suis les consignes des panneaux à message variable

En cas d'arrêt de circulation, je maintiens cette distance, ce qui protège d'une éventuelle propagation d'un feu !

R LA ROUTE

En cas d'incident mineur

Si je suis victime d'une crevaison, d'une panne mécanique ou encore d'un accrochage matériel, je dirige en priorité mon véhicule vers l'un des refuges❶ qui jalonnent le tunnel. J'allume les feux de détresse, je coupe le contact, je laisse les clés en place et j'enfile mon gilet de sécurité.
À l'aide du poste d'appel, je contacte les secours❷. Le téléphone portable❸ ne doit pas être utilisé !

En cas d'incident majeur

L'incident majeur, c'est l'incendie. Dans ce cas, tout se joue dans les premières minutes. Si de la fumée apparaît au loin, je m'arrête sans m'approcher des véhicules devant moi, j'allume les feux de détresse, je coupe le moteur, je laisse les clés sur le tableau de bord et j'évacue le tunnel.

Je ne suis pas protégé dans un espace d'arrêt d'urgence ni dans une cabine d'appel, je rejoins donc sans courir un refuge sécurisé signalé. Je m'occupe de tous mes passagers.
Je ne reviens plus en arrière !!!
Je respecte les consignes qui me seront communiquées par affiches ou par radio.

Sortir du tunnel

Attention à l'éblouissement !
J'abaisse éventuellement le pare-soleil, je prépare les lunettes de soleil... Je ralentis. Je n'éteins les feux qu'après être sorti.

LA ROUTE — R

 EN RÉSUMÉ

✓ Arrêt et stationnement sont interdits dans un tunnel.
✓ Lorsque le tunnel est éclairé : feux de croisement obligatoires hors agglomération ; feux de position seuls autorisés en agglomération.
✓ Je me conforme aux limitations de vitesse et aux distances à respecter entre usagers, même à l'arrêt.
✓ Un feu rouge clignotant allumé = arrêt.
✓ En cas d'incident, j'allume les feux de détresse, je coupe le contact en laissant les clés dessus, je rejoins un espace refuge et j'appelle les secours. Pas de téléphone portable.
✓ En cas d'incendie, je rejoins un refuge sécurisé avec les passagers et je ne reviens pas en arrière !
✓ Je ralentis et me méfie de l'éblouissement en sortie de tunnel.

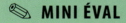 MINI ÉVAL

1- Suite à un début d'incendie dans un tunnel, je suis entré dans un abri.
J'emprunte immédiatement le couloir d'évacuation ___ A ❑
Je lis les consignes et j'attends qu'on m'invite à sortir ___ B ❑

2- Même si je possède un téléphone portable, je dois joindre les secours à l'aide d'une borne d'appel d'urgence :
OUI _____ A ❑
NON _____ B ❑

3- Dans un long tunnel, ces lumières bleues servent :
à maintenir la distance de sécurité _____ A ❑
à détecter un éventuel incendie _____ B ❑
à diriger vers une issue de secours _____ C ❑

Réponses : 1-B 2-A 3-A

LA ROUTE

Passages à niveau

Chaque année, on dénombre des personnes tuées en franchissant un passage à niveau alors que c'est interdit. Entre 2014 et 2018, 91 personnes ont été tuées dans les accidents impliquant un train. En France, il existe 15.000 passages à niveau et tous les trois jours une voiture entre en collision avec un train ! Malgré le risque important, 10 % des automobilistes déclarent avoir déjà franchi un passage à niveau sans respecter les règles de base.

Le train :

Un train est toujours prioritaire !
Le passage peut être protégé par des barrières à fonctionnement manuel ❶, ou le plus souvent par des demi-barrières à fonctionnement automatique.

Dans ce cas, le panonceau « signal automatique » complète le panneau ❷. Le passage peut être sans barrières ❸ sur des voies peu utilisées.
En position, le nombre des voies ❹ peut être signalé par un panneau spécifique. Un ou plusieurs feux clignotants rouges arrêtent la circulation.

Trafic régulier (port, industrie)

Trafic irrégulier (agricole)

Hauteur des fils électriques inférieure à 6 m

Au moins deux voies à traverser

LA ROUTE — R

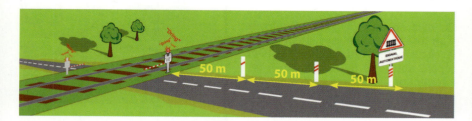

Le passage est ouvert.
La sonnerie retentit. Je m'arrête !
A ce moment, il ne reste plus qu'une vingtaine de secondes avant l'arrivée du train...

Les feux clignotent. Je ne passe pas !

Les barrières se baissent. Si je suis resté bloqué au milieu des voies, j'évacue le véhicule.

Le train passe...

J'attends que les barrières soient relevées avant de démarrer.
Attention ! Si la circulation est arrêtée après le passage, j'attends que celle-ci devant moi redémarre.

R LA ROUTE

Le tramway :

De plus en plus de villes s'équipent d'un réseau de tramways intégré dans la circulation. Il est en général bien séparé des voies de circulation et les intersections sont alors gérées par des feux.

Je dois m'obliger à beaucoup de prudence, surtout aux abords des stations d'arrêt.

Un tramway est dépassé du côté libre de la chaussée, à gauche ou à droite. Mais je ne pourrai pas le dépasser s'il est à l'arrêt, du côté où descendent les passagers.

Les feux spécifiques aux tramways ne peuvent pas être confondus avec les autres. Ils sont synchronisés avec les autres feux de circulation.

     Feux pour tramways

   Pour moi = Arrêt

LA ROUTE R

📋 EN RÉSUMÉ

✓ Un passage à niveau est toujours prioritaire.
✓ Tous les trois jours une voiture entre en collision avec un train !
✓ Le feu rouge clignotant des passages à niveau de trains ou de tramways s'allume directement sans autre avertissement qu'une sonnerie.

✏️ MINI ÉVAL

1- Les voies de tramways annoncées peuvent :
couper la rue pour passer
OUI_____A☐   NON_____B☐
emprunter les voies de circulation
OUI_____C☐   NON_____D☐

2- Ces doubles feux sont réservés pour tourner à gauche :
OUI_____A☐
NON_____B☐

3- La signalisation m'indique que je vais rencontrer un passage à niveau :
à 150 m
OUI_____A☐   NON_____B☐
sans barrières
OUI_____C☐   NON_____D☐

4- Le passage à niveau est situé environ :
à 30 m_____A☐
à 50 m_____B☐
à 100 m_____C☐

Réponses : 1-AC 2-B 3-AD 4-C

175

R ÉVALUATION

1- Je vais entrer dans un tunnel éclairé hors agglomération. J'allume :
les feux de croisement_____A ☐
ou
les feux de position seuls_____B ☐

2 - A 150 m :
le passage à niveau est sans barrières
OUI_____A ☐   NON_____B ☐
le dépassement est autorisé
OUI_____C ☐   NON_____D ☐

3- Les barrières sont relevées et le feu éteint. En cas de bouchon :
je m'arrête avant les barrières
OUI_____A ☐   NON_____B ☐
je ne m'engage que si je peux dégager complètement les voies
OUI_____C ☐   NON_____D ☐

4- Les tramways sont «prioritaires» aux intersections :
OUI_____A ☐
NON_____B ☐

5- En cas d'accident dans ce tunnel :
Je demande de l'aide depuis une niche de secours_____A ☐
J'utilise mon téléphone portable_____B ☐

ÉVALUATION R

6- Avant d'entrer dans un tunnel :
je contrôle ma jauge de carburant
OUI _____ A ❑   NON _____ B ❑
j'ôte mes lunettes de soleil
OUI _____ C ❑   NON _____ D ❑

7- Je m'arrête seulement si un train arrive :
OUI _____ A ❑
NON _____ B ❑

8- En cas d'accident dans un tunnel :
j'allume mes feux de détresse
OUI _____ A ❑   NON _____ B ❑
je vais demander de l'aide depuis un poste de sécurité
OUI _____ C ❑   NON _____ D ❑

9- Lorsque je serai à l'arrêt dans le tunnel, je devrai conserver les mêmes distances de sécurité qu'ici :
OUI _____ A ❑
NON _____ B ❑

10- Le passage à niveau se situe à environ :
50 m _____ A ❑
100 m _____ B ❑
150 m _____ C ❑
200 m _____ D ❑

Réponses : 1-A   2-AD   3-AC   4-A   5-A   6-AC   7-B   8-AC   9-B   10-B

U LES AUTRES USAGERS

Pour permettre une conduite apaisée, notamment en agglomération, la prise en compte des usagers vulnérables est primordiale. Ces usagers piétons, cyclistes, enfants ou personnes âgées sont trop représentés chaque année dans les accidents. Un partage de l'espace public passe par une conduite solidaire avec une volonté de mieux communiquer entre les usagers.

LES AUTRES USAGERS

Les usagers fragiles

Les enfants et surtout les personnes âgées, pour des raisons de vision, de mobilité et de réactivité, sont les premières victimes de la route en agglomération.

Attention aux handicapés et aux parents qui ont besoin d'espace pour faire passer un fauteuil roulant ou une poussette.

Pour rappel, les piétons et deux-roues sont croisés ou dépassés en laissant 1 m minimum d'espace latéral en agglomération et 1,50 m hors agglomération. Je dois tenir compte en effet de leur zone d'incertitude, c'est-à-dire l'endroit où ils peuvent se déplacer dans les secondes suivantes.

Les engins de déplacement personnel (EDP)

Les engins de déplacement personnel (EDP) peuvent être motorisés ou non.

Les EDP classés comme non motorisés sont par exemple les trottinettes classiques❶, les skateboard❷ ou les rollers❸. Les utilisateurs de ces engins non motorisés sont assimilés à des piétons.

Les EDP classés comme motorisés sont par exemple les trottinettes électriques❹, les gyropodes❺, les gyro-roues❻ ou les hoverboards❼. Les utilisateurs de ces EDP doivent être âgés d'au moins 12 ans et ne peuvent pas, sauf autorisation du Maire, circuler en agglomération sur les trottoirs.

LES AUTRES USAGERS U

Communiquer entre usagers

Il existe peu de moyens pour communiquer entre usagers :
- le clignotant, pour les écarts de trajectoire et les changements de direction ;
- les feux, pour attirer l'attention ;
- les feux stop, pour signaler un ralentissement ;
- les feux de détresse, pour signaler un danger ;
- l'avertisseur sonore, ou klaxon, pour signaler sa présence à proximité ;
- enfin, le geste peut inviter un usager à passer.

La trajectoire

Tout écart par rapport à la trajectoire doit être signalé, afin que les autres usagers puissent à leur tour prévoir un même écart.
Je communique alors une information !

Le changement de voie

Tout changement de voie est précédé d'un contrôle vers l'arrière et d'un contrôle latéral.
Je mets le clignotant à gauche pour me placer à gauche ; et je le mets éventuellement à droite pour revenir à droite.

Un appel de feux, de jour comme de nuit, peut éveiller l'attention de celui qu'on va dépasser.
Le signal reste bref !

Tourner à gauche ou à droite

Il faut avertir suffisamment tôt pour que les autres usagers puissent avoir le temps de comprendre mon intention et agissent en conséquence.
Attention, ne pas mettre son clignotant pour changer de direction peut coûter 3 points sur le permis de conduire.

LES AUTRES USAGERS

Ralentir

Tout ralentissement est précédé par un regard vers l'arrière à l'aide du rétroviseur. Il est parfois nécessaire d'effectuer un appel des feux stop, sans freiner, afin d'avertir qu'on est arrêté dans la circulation, ou lorsqu'un usager suit de trop près par exemple, alors qu'on va freiner.

La circulation des motards entre les files (inter-files)

La circulation inter-files consiste à circuler en deux-roues ou en trois-roues motorisés entre les files de véhicules à l'arrêt ou en roulant à vitesse réduite dans un trafic dense et congestionné. Je dois donc être vigilant au volant de mon véhicule.

L'expérimentation menée pendant plusieurs années dans 11 départements n'ayant pas été probante, la circulation inter-files est à nouveau interdite, le temps de mener de nouvelles expérimentations. Je dois toutefois continuer à contrôler dans mes rétroviseurs et dans les angles morts, car de nombreux motards continuent à la pratiquer.

Danger

Les feux de détresse ne servent pas à s'excuser pour une infraction concernant le stationnement ou l'arrêt !

Je dois les utiliser dans trois cas :
- lors d'un ralentissement soudain si je suis le dernier de la file ;
- si ma vitesse est anormalement lente à cause d'une panne par exemple ;
- pour signaler une immobilisation, une panne, un accident, un obstacle.

Avertir

Le klaxon n'a plus beaucoup d'utilité aujourd'hui et ne sert que pour avertir un usager proche. Il est parfois utile sur une route très étroite et sinueuse par exemple.

LES AUTRES USAGERS U

En agglomération, son usage est interdit sauf en cas de danger immédiat. Son usage est interdit la nuit.

La nuit, j'avertis de ma présence avec un appel de feux :
➜ avant un virage ;
➜ avant une intersection ;
➜ avant un sommet de côte.

Un geste, un sourire

Bien souvent, un geste suffit à la résolution d'un problème de passage. Un sourire rapproche les usagers !

Signalisation des angles morts des véhicules lourds

Depuis le 1er janvier 2021, tous les véhicules lourds (véhicules de transport de marchandises et véhicules de transport de personnes) doivent apposer sur leur véhicule un dispositif de signalisation. Cette signalisation doit être apposée sur les côtés et à l'arrière du véhicule afin d'être visible des cyclistes, des piétons et des utilisateurs d'engins de déplacement personnels circulant sur la voie publique. Ceux-ci ne sont pas toujours conscients de l'impossibilité pour le conducteur du poids-lourd de percevoir leur présence, ce qui occasionne des accidents parfois mortels, par exemple lorsque le conducteur prévoit de tourner alors qu'un cycliste est présent sur le côté du véhicule.

Les transports de matières dangereuses

Les véhicules transportant des produits dangereux sont signalés par des plaques orange ou des plaques-étiquettes de danger.

N°1 Sujet à l'explosion divisions 1.1, 1.2, 1.3 — N°2.3 Gaz toxique — N°3 Danger de feu (matière liquide inflammable) — N°4.1 Danger de feu matière solide inflammable)

N°5.1 Matière comburante — N°6.1 Matière toxique — N°7B Matière radioactive ans des colis de catégorie II — N°8 Matière corrosive

LES AUTRES USAGERS

Les véhicules spéciaux

Les véhicules à progression lente :
Leur vitesse ne dépasse pas 40 km/h. Ils sont dotés d'un ou plusieurs gyrophares jaunes lorsqu'ils circulent sur la route. Ces mêmes gyrophares équipent aussi des véhicules de travaux publics ou des convois exceptionnels.
Ces véhicules doivent bénéficier de toute mon attention du fait de leur lenteur, de leur gabarit, de leurs mouvements ou de la présence de personnels autour.

Les véhicules d'intérêt général bénéficiant de facilités de passage :
Je facilite le passage de ces véhicules lorsqu'ils sont en mission. Ils sont dotés de gyrophares à éclat bleu et d'un avertisseur à trois tons. Il s'agit d'ambulances privées, des véhicules de secours d'EDF ou de Gaz de France, des véhicules de transport de fonds de la Banque de France. Les engins de déneigement et de sablage hivernaux ne peuvent pas être dépassés lorsqu'ils sont en activité.
Ils ne sont pas prioritaires aux intersections.

Les véhicules prioritaires :
Il s'agit des pompiers, du SAMU et SMUR, de la police et de la gendarmerie, ainsi que des douanes. Ils sont dotés de gyrophares tournants bleus et d'un avertisseur à deux tons. Je dois leur céder le passage !

LES AUTRES USAGERS U

📋 EN RÉSUMÉ

✓ Les enfants et surtout les personnes âgées sont les premières victimes de la route en agglomération.
✓ Communiquer avec les autres usagers sert à les informer sur ce qu'on fait.
✓ Le clignotant pour les écarts de trajectoire et les changements de direction.
✓ Les feux pour attirer l'attention avant un dépassement, avant une intersection ou un virage.
✓ Les feux stop pour signaler un ralentissement.
✓ Les feux de détresse pour signaler une panne, un danger, un soudain ralentissement ou une vitesse anormalement lente.
✓ L'avertisseur sonore pour signaler sa présence. Il est interdit la nuit et en agglomération, sauf en cas de danger immédiat.
✓ Enfin le geste peut inviter un usager à passer.
✓ Je prête toute mon attention aux véhicules dotés d'un gyrophare jaune.
✓ Je facilite le passage aux véhicules d'intérêt général bénéficiant de facilités de passage.
✓ Je cède le passage aux véhicules d'intérêt général prioritaires.

✏️ MINI ÉVAL

1- Je klaxonne ces piétons :
OUI _____ A ❑
NON _____ B ❑

2- Sont classés comme véhicules prioritaires :
- les pompiers _____ A ❑
- le SAMU _____ B ❑
- les médecins de garde _____ C ❑
- les engins de déneigement _____ D ❑

Réponses : 1-B 2-AB

185

U ÉVALUATION

1- Les victimes piétons les plus nombreuses sont les personnes âgées :
OUI _____ A ❏
NON _____ B ❏

2- Pour sortir du carrefour giratoire, je dois mettre le clignotant à droite :
OUI _____ A ❏
NON _____ B ❏

3- Ce deux-roues zigzague, je klaxonne :
OUI _____ A ❏
NON _____ B ❏

4- Pour tourner à gauche, le clignotant est :
- superflu _____ A ❏
- secondaire _____ B ❏
- obligatoire _____ C ❏

5- Je peux klaxonner ici ces piétons qui ne traversent pas sur le passage :
OUI _____ A ❏
NON _____ B ❏

ÉVALUATION

6- Je roule à une vitesse de 40 km/h, je ralentis :
OUI _____ A ☐
NON _____ B ☐

7- A 30 km/h, mon allure est :
Autorisée _____ A ☐
Adaptée _____ B ☐
Inadaptée _____ C ☐

8- Je klaxonne
OUI _____ A ☐
NON _____ B ☐

9- Je ralentis :
OUI _____ A ☐   NON _____ B ☐
Je klaxonne :
OUI _____ C ☐   NON _____ D ☐

10- A 30 km/h au lieu de 50 km/h, la violence du choc avec un piéton est réduite :
De 10 % _____ A ☐
De 30 % _____ B ☐
De 60 % _____ C ☐

Réponses : 1-A 2-A 3-A 4-C 5-B 6-A 7-AC 8-B 9-AD 10-C

Notes

LES ACCIDENTS

La conduite d'un véhicule nécessite une prise de conscience des éventuels risques pris ou que l'on fait prendre aux autres.
De nombreux facteurs peuvent générer un accident. Si celui-ci intervient, il est préférable de faire les bons choix ou les bons gestes.

A LES ACCIDENTS

Accidents

Qu'est-ce que le risque ?

Il y a des risques qui sont liés à l'activité dans un système constitué par l'Homme, le Véhicule et l'Environnement. Et il y a des risques que nous prenons volontairement ou par inattention ; ou tout simplement parce que nous n'en connaissons pas bien les conséquences.

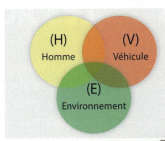

Risque, infraction et accident

Celui qui prend des risques s'expose plus que les autres à être impliqué dans un accident ! Cela explique que les forces de l'ordre, et les radars fixes ou mobiles, soient placés là où il y a un risque.

Les principaux facteurs d'accidents graves

C'est la fréquence des facteurs qu'on trouve dans les accidents. Les facteurs se cumulent car ils ne sont jamais isolés. Le comportement humain se retrouve dans plus de 95 % des accidents graves.

Les données statistiques principales

La tranche d'âge la plus exposée se situe entre 15 et 24 ans (13 % de la population et 27 % des tués).
Beaucoup d'accidents très graves se produisent hors agglomération.
De nuit, les accidents sont plus graves alors qu'il y a beaucoup moins de circulation.

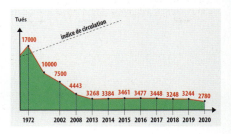

LES ACCIDENTS — A

Protéger

➜ Ne pas s'arrêter si l'on est impliqué dans un accident est un délit de fuite.

➜ Ne pas porter secours, au moins en alertant, est un délit de non-assistance à personne en danger.

Si les secours sont déjà en place, je reste très vigilant pour ne pas mettre en danger les sauveteurs et je passe mon chemin.
Si je suis le premier arrivé, je protège les lieux afin d'éviter un sur-accident !

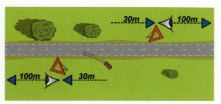

Triangles placés à 30 mètres et visibles à 100 mètres.

Chaque conducteur doit conserver un gilet de sécurité à portée de main (dans la boîte à gants par exemple) et le revêtir avant de sortir du véhicule pour installer le triangle de présignalisation qu'il placera à environ 30 mètres du lieu de l'accident. Un passager se place dans chaque sens, en sécurité à une centaine de mètres, et agite un tissu blanc ou une lampe de poche la nuit.

Je place les personnes valides en sécurité sur l'accotement, et derrière un rail s'il y en a.

Dès que possible, je m'assure que les contacts électriques sont coupés et je débranche les batteries s'il le faut. S'il s'agit d'un véhicule GPL, je cherche à fermer le gaz.

Si un feu se déclare, je dirige le jet de l'extincteur à la base du feu. Si je n'ai pas d'extincteur, je jette du sable ou de la terre dessus, jamais d'eau !

Dégagement d'urgence d'une victime

Si une victime ne peut se dégager par elle-même d'un danger réel, immédiat et non contrôlable, un dégagement d'urgence s'impose exceptionnellement.

A LES ACCIDENTS

Alerter

En priorité j'utilise les bornes orange !
Le téléphone portable peut s'avérer très utile pour se faire guider dans les gestes de survie et pour informer avec exactitude sur l'état des blessés.
À partir d'une borne orange, j'appuie sur le bouton rouge. Je serai directement en relation avec les secours, qui sauront exactement où je suis.

Sur mon portable, je compose en priorité le **15** (appel des SAMU, en charge de la réponse médicale : problèmes urgents de santé et conseils), le **18** (appel des sapeurs-pompiers, en charge des secours d'urgence : personnes, accidents, incendies) ou le **112** (appel d'urgence valide dans l'ensemble de l'union Européenne). Ces numéros sont gratuits et peuvent être composés sur n'importe quel téléphone, même si ce n'est pas le vôtre et qu'il est verrouillé. L'alerte doit être la plus rapide et la plus précise possible pour ne pas retarder l'intervention des secours et pour ne pas compromettre la vie ou la santé de la ou des victimes.

Je précise au mieux les lieux grâce à la signalisation, et éventuellement aux édifices proches. Je communique le nombre des blessés et leur état (conscience, blessures, etc.). J'avertis s'il y a des risques particuliers (matières dangereuses à l'aide du logo du véhicule *(voir p.182)*, incendie, noyade, etc.).

J'attends d'être invité à raccrocher pour le faire !

LES ACCIDENTS A

Alerte et protection des populations

Le SAIP

Le SAIP (Système d'Alerte et d'Information des Populations) est un ensemble d'outils (les médias, internet, des panneaux à message variable, les 5300 sirènes réparties sur le territoire) permettant d'avertir la population d'un danger imminent ou qu'un événement grave est en train de se produire.

Le signal émis par les sirènes est une modulation d'un son montant et descendant sur trois cycles successifs.
Chaque mois, des essais sont effectués à midi le premier mercredi. Pour ne pas confondre avec une véritable alerte, le son est émis sur une période de seulement 30 s.

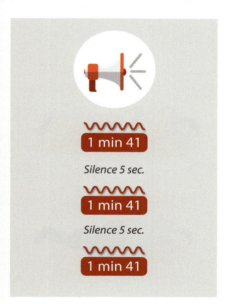

Comportement à adopter

Dès le début de l'alerte, et jusqu'au signal de fin d'alerte, il faut :
1 - se mettre en sécurité et rejoindre sans délai un bâtiment
2 - rester informé à l'aide des médias et d'internet
3 - respecter les consignes des autorités
Si les consignes sont de se confiner, je ferme les portes et les fenêtres, je calfeutre les portes, les fenêtres et les bouches d'aération, je désactive les systèmes de ventilation ou de climatisation.
Si les consignes sont d'évacuer, j'emporte alors mon kit d'urgence préparé à l'avance (www.gouvernement.fr/risques).

A LES ACCIDENTS

Attention, dans tous les cas :

→ Je reste en sécurité et je ne vais pas chercher mes enfants à l'école car ils sont pris en charge par les enseignants.

→ Je n'utilise mon téléphone portable qu'en cas d'urgence vitale afin d'éviter de saturer les réseaux téléphoniques.

En cas d'attaque terroriste ou de situation de violence

Il faut appliquer les consignes nationales indiquées (www.gouvernement.fr/reagir-attaque-terroriste). S'il est impossible de s'échapper, il faut se cacher, obéir aux forces de l'ordre, réaliser les gestes de premier secours et rester vigilant.

Secourir

Porter secours ne signifie pas nécessairement accomplir des gestes de secourisme. Les premiers gestes de secours font partie de l'enseignement obligatoire.

Pour ce faire, il existe des stages accessibles dès l'âge de 10 ans, comme :
→ Gestes qui sauvent (GQS)
→ Prévention et secours civiques de niveau 1 (PSC 1)
→ Premiers secours en équipe de niveau 1 (PSE 1)
→ Premiers secours en équipe de niveau 2 (PSE 2).

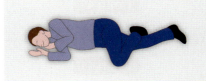

Ces formations sont uniquement dispensées par les associations agréées et organismes habilités à la formation aux premiers secours par le ministère de l'Intérieur. Elles permettent d'acquérir les compétences pour participer par son comportement à la sécurité des personnes.

LES ACCIDENTS — A

Les premiers secours

Le traumatisme

Le traumatisme est une lésion des os (fracture), des articulations (entorse ou luxation), des organes (tête, thorax, abdomen) ou de la peau. Les signes de traumatisme peuvent être multiples (douleur vive, impossibilité de bouger, gonflement, déformation). Les risques peuvent être importants et entraîner des complications neurologiques (paralysie, conscience altérée, perte de connaissance), des détresses circulatoires ou respiratoires.

Si le traumatisme se situe au niveau de la colonne vertébrale (douleur du dos ou de la nuque), une atteinte de la moelle épinière est possible.

Dans le cas d'un traumatisme, il faut ni déplacer ni bouger la victime. Il faut alerter ou faire alerter les secours et respecter les recommandations données. Enfin, il faut surveiller la victime en lui parlant et en la réconfortant, en la protégeant du froid, de la chaleur ou des intempéries.

L'hémorragie

Une hémorragie est une perte de sang prolongée, provenant d'une plaie ou d'un orifice naturel, qui imbibe de sang un mouchoir en quelques secondes et qui ne s'arrête pas spontanément. Je reste attentif au fait qu'une hémorragie peut être masquée par la position de la victime ou un vêtement ample et absorbant, comme un manteau ou un blouson.

A LES ACCIDENTS

La perte abondante ou prolongée de sang conduit à une détresse circulatoire qui menace immédiatement ou à très court terme la vie de la victime (arrêt cardiaque).

Dans le cas d'une hémorragie, il faut demander à la victime de comprimer immédiatement l'endroit qui saigne ou à défaut, le faire à sa place. Attention à se protéger la main pour éviter la transmission de maladies infectieuses. Ensuite, allonger la victime, puis alerter les secours. L'alerte est effectuée par un témoin s'il est présent ou vous-même si la victime peut comprimer seule sa plaie.

S'il faut faire une compression, il convient d'appuyer fortement sur l'endroit qui saigne avec les doigts ou la paume de la main, en interposant une épaisseur de tissu propre recouvrant complètement la plaie (mouchoirs, torchons, vêtements, ...) et conserver cette compression jusqu'à l'arrivée des secours.

L'arrêt cardiaque

Une personne est en arrêt cardiaque lorsque son cœur ne fonctionne plus on fonctionne d'une façon anarchique. L'oxygénation du cerveau n'est alors plus assurée. Les lésions du cerveau surviennent dès la première minute de manque d'oxygène. Si aucun geste de premiers secours n'est effectué, la victime meurt en quelques minutes.

LES ACCIDENTS A

Je peux identifier un arrêt cardiaque lorsque la victime ne répond pas aux questions et ne réagit pas. C'est aussi le cas si elle ne respire pas (aucun mouvement de la poitrine visible et aucun bruit ou souffle perçu), ou si la victime présente une respiration anormale avec des mouvements respiratoires inefficaces, lents, irréguliers et bruyants.

Dans le cas d'un arrêt cardiaque, je dois :

1 - ALERTER en appelant immédiatement les secours, de préférence avec mon téléphone portable et en le mettant sur haut-parleur pour garder les mains libres.

2 - MASSER en pratiquant une réanimation cardio-pulmonaire (RCP) précoce. Pour cela, je dois répéter des cycles de 30 compressions thoraciques suivies de 2 insufflations (bouche à bouche). Si ne peux effectuer les insufflations, je masse en continu.

3 - DEFIBRILLER en utilisant un défibrillateur automatique externe (DAE) s'il y en a un à proximité. Je le mets en oeuvre le plus tôt possible. Je suis les indications données par messages vocaux.
Dans un premier temps, il faut placer les électrodes, après avoir enlevé ou coupé si nécessaire les vêtements qui couvrent la poitrine de la victime. Si le défibrillateur annonce que le choc est nécessaire, je fais écarter les personnes autour de moi, et je reprends les compressions thoraciques immédiatement. Si le choc n'est pas nécessaire, je continue les compressions thoraciques jusqu'à l'arrivée des secours.

A   LES ACCIDENTS

La perte de connaissance

Une personne a perdu connaissance lorsqu'elle ne répond pas et ne réagit à aucune sollicitation verbale ou physique mais respire. Si la victime reste sur le dos, elle risque d'avoir des difficultés respiratoires importantes pouvant entraîner un arrêt cardiaque. La respiration n'est possible que si les voies aériennes permettent le passage de l'air sans encombre. En étant sur le dos, la victime peut être empêchée de respirer par des liquides présents dans la gorge (liquides gastriques, sang, salive) ou par la langue qui bascule en arrière. Je reconnais une perte de connaissance si la victime ne répond pas aux questions, reste immobile, mais respire.

Dans le cas d'une perte de connaissance, je dois :

1 - Apprécier l'état de conscience de la victime en posant des questions simples : « comment ça va ? » ; « vous m'entendez ? » ; en secouant doucement les épaules ; en lui prenant la main et en lui demandant de me la serrer.

2 - Vérifier que la victime respire en regardant si le ventre et la poitrine se soulèvent, ou en essayant de sentir un flux d'air à l'expiration.

3 - Placer la victime en position latérale de sécurité (PLS) pour maintenir libres les voies aériennes et faciliter l'écoulement des liquides présents dans la gorge.

4 - Faire alerter ou alerter les secours.

5 - Surveiller en permanence la respiration de la victime, jusqu'à l'arrivée des secours.

LES ACCIDENTS — A

EN RÉSUMÉ

✓ 50 % des accidents mortels ont pour facteur un non-respect d'une règle ; 30 % l'alcool et 25 % la vitesse.
✓ 95 % des accidents ont une cause humaine.
✓ Le nombre des tués sur la route a baissé de près de 17 000 tués en 1972 à 3 268 tués en 2013.
✓ La tranche d'âge de 15 à 24 ans est la plus exposée au risque.
✓ Les accidents graves ont surtout lieu lorsqu'on a une impression de sécurité, et plus particulièrement la nuit hors agglomération. Un motard est 21 fois plus exposé qu'un conducteur de voiture.
✓ En présence d'un accident, je dois protéger, alerter puis secourir.
✓ Les numéros d'appels sont le 15, le 18, le 17, ou le 112 à l'aide d'un portable.

MINI ÉVAL

1- Sur les autoroutes françaises, le premier facteur d'accident mortel est :
l'alcool _____ A ❏
la vitesse excessive ou
inadaptée aux circonstances _____ B ❏

2- En arrivant sur le lieu d'un accident, la première chose à faire est de :
secourir la ou les victimes _____ A ❏
alerter la police ou la gendarmerie _____ B ❏
protéger le lieu de l'accident _____ C ❏

3- Je suis témoin d'un accident corporel. Pour appeler les secours depuis mon téléphone portable, je compose :
le 111 _____ A ❏
ou
le 112 _____ B ❏

Réponses : 1-B 2-C 3-B

Notes

M ÉLÉMENTS MÉCANIQUES

Le contrôle de l'état mécanique du véhicule est indispensable pour la sécurité du conducteur et de ses passagers.
L'entretien du véhicule doit être régulier, les niveaux et les pressions de gonflage doivent être vérifiés fréquemment.

M ÉLÉMENTS MÉCANIQUES

Voir et être vu

L'ensemble des surfaces vitrées et des feux doit être propre. Parfois un produit détergent est nécessaire pour décoller les insectes.

Les surfaces vitrées

Le pare-brise à l'avant est composé d'un feuilletage protecteur en cas de choc. Les vitres du pare-brise et les vitres latérales avant côté conducteur et côté passager doivent avoir une transparence suffisante, tant de l'intérieur que de l'extérieur du véhicule. Attention, je risque 3 points en moins sur mon permis de conduire si mon véhicule a des vitres sur-teintées.

Aucune étiquette ne peut être apposée sur les surfaces vitrées, hormis la vignette du contrôle technique et celle de l'assurance. Elles sont collées en bas à droite du pare-brise.

La lunette arrière comprend généralement des résistances chauffantes permettant de la dégivrer et de la désembuer. Si je nettoie l'intérieur, je fais attention aux filaments qui sont fragiles.

Les feux

Les feux servent à voir et à être vu, mais ils servent aussi à communiquer avec les autres usagers :
➔ le ralentissement avec les feux stop ;
➔ le changement de direction avec le clignotant ;
➔ une anomalie ou un danger avec le signal de détresse ;
➔ ma présence avec un appel des feux.
Ils doivent être réglés par un spécialiste et en bon état de fonctionnement !

ÉLÉMENTS MÉCANIQUES   M

- À l'avant :

2 ou 4 feux de route

2 feux de croisement

2 feux de position

2 feux de brouillard avant (facultatifs)

- À l'arrière :

2 feux rouges

1 (à gauche) ou 2 feux de brouillard arrière

3 feux stop

éclairage plaque d'immatriculation lisible à 20 m

2 dispositifs réfléchissants rouges (catadioptres)

1 ou 2 feux de recul (facultatifs)

- À l'avant et à l'arrière :

feux de détresse

clignotants (gauche ou droite)

Il existe aussi des feux diurnes (de jour), qui s'allument automatiquement dès qu'on lance le moteur ; et des feux d'angle automatiques pour éclairer sur les côtés lorsqu'on tourne.

ÉLÉMENTS MÉCANIQUES

La portée des feux

Certains modèles récents peuvent être équipés de feux d'angle qui éclairent latéralement dans les virages prononcés (à droite ou à gauche), en soutien des autres feux. Ils sont commandés par la rotation du volant.

Feux de position avant et feux rouges arrière :
Visibles à 150 m.
Les feux de position avant peuvent être de couleur blanche ou jaune.

Feux de croisement :
Éclairent sur 30 m minimum, sans éblouir.
Les feux de croisement peuvent être de couleur blanche ou jaune.

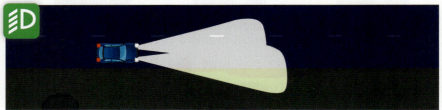

Feux de route :
Éclairent à 100 m minimum.
Les feux de route peuvent être de couleur blanche ou jaune.

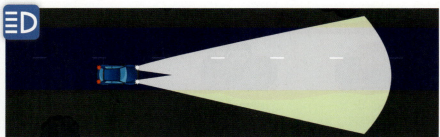

ÉLÉMENTS MÉCANIQUES   M

Les rétroviseurs

Le champ de vision du conducteur ne permet de voir ni sur les côtés ni vers l'arrière.

Les trois rétroviseurs servent à combler une partie seulement vers l'arrière.
Il est donc impératif de tourner la tête pour contrôler sur les côtés, notamment avant de tourner ou de dépasser.

Le rétroviseur extérieur droit est obligatoire si la vision du rétroviseur intérieur est masquée par le chargement ou une remorque.

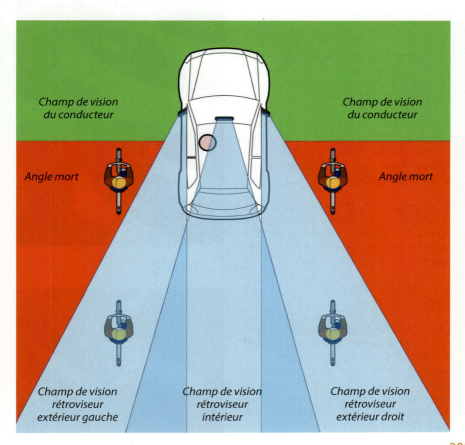

M ÉLÉMENTS MÉCANIQUES

Commandes

Elles servent à conduire le véhicule ; et à gérer la puissance du moteur. Elles mettent en œuvre les accessoires obligatoires ou facultatifs de visibilité ou de confort.

Le volant

Il est aujourd'hui assisté afin de faciliter les manœuvres. Certains constructeurs proposent un réglage en hauteur et/ou en profondeur. *(voir p. 275)*

En dehors de la manipulation des commandes annexes, je dois toujours le tenir à deux mains. Pas de mains à l'intérieur de la couronne !

Selon ma taille et le confort, je tiens le volant à 9h15❶ ou 10h10❷, en équilibre. Le réglage du dossier doit permettre d'atteindre le haut de la couronne lors d'une manœuvre.

Je ne crampone jamais le volant mais je le tiens en souplesse de manière à agir sans à-coups, surtout lors de vent latéral ou de dépassement d'un poids lourd.

La commande des essuie-glaces

La commande de droite gère les essuie-glaces, ainsi que les lave-glaces avant❶ et arrière❷. On trouve 3 vitesses :
→ intermittente pour des gouttes de pluie ;
→ normale pour la pluie ;
→ rapide pour une averse ou des projections d'eau.

ÉLÉMENTS MÉCANIQUES

❸
Position seuls

❹
Route

❺
Croisement

❻
Clignotants, ils s'allument aussi en même temps que les feux de détresse

❼
Feux de brouillard avant

❽
Feu(x) de brouillard arrière

Les commandes de confort

Elles servent au désembuage du pare-brise ou à régler la température et la ventilation à l'intérieur du véhicule. Des aérateurs centraux et latéraux dirigent les courants d'air vers le pare-brise, vers les vitres latérales et l'intérieur du véhicule.

Distribution aérateurs

Climatisation automatique

Chauffage et ventilation

ÉLÉMENTS MÉCANIQUES

Le tableau de bord

Il informe, grâce aux témoins et voyants, sur l'utilisation des commandes et sur les paramètres du moteur.

 Le **rouge** est une alerte sérieuse qui nécessite l'arrêt et un contrôle immédiats.

 Le **jaune orangé** est un rappel de fonctionnement d'éléments moteur ou donnant des informations.

 Le **vert** est relatif aux feux.

 Exception faite du témoin de feu de route qui est **bleu** et du feu arrière de brouillard qui est **jaune orangé**.

 Température liquide refroidissement

 Pression d'huile

 Charge de la batterie

 Niveau liquide de frein

 Frein de parc serré

 Feux de détresse

 Mauvaise fermeture d'une portière

 Absence de bouclage de ceinture

 Feux de position

 Feux de croisement

 Feux de route

 Feux de brouillard avant

 Feux de brouillard arrière

 Feux clignotants

 Usure plaquettes de freins

 Dégivrage - désembuage lunette arrière

 Réserve carburant

 Starter

 Préchauffage diesel

ÉLÉMENTS MÉCANIQUES   M

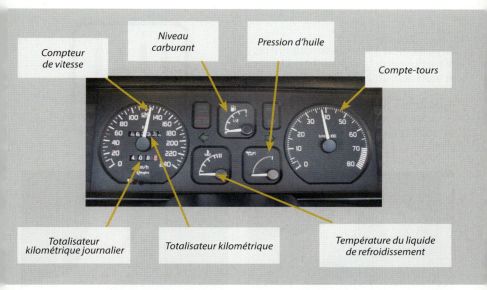

Le levier de vitesses

Il sert à gérer la puissance que je vais distribuer aux roues par l'intermédiaire de la boîte de vitesses. Il se situe au volant ou au plancher, et la position de la marche arrière (R) sur la grille peut varier selon les constructeurs.

Pour démarrer, j'ai besoin de puissance pour vaincre l'inertie du véhicule. Ensuite, lorsque la voiture est lancée, l'inertie n'est plus à vaincre. Plus j'acquiers de la vitesse, moins j'ai besoin de puissance.

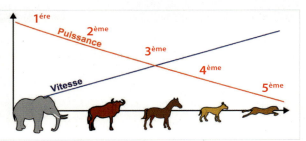

M ÉLÉMENTS MÉCANIQUES

Le point mort (PM) sert de coupure permanente entre le moteur et les roues : le moteur tourne mais pas les roues.

Il existe un ressort entre 1-2 et 3-4 et un autre ressort entre 3-4 et 5-MA afin de maintenir le levier au point mort (PM).

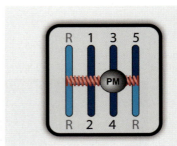

Attention à la position de la main lorsque j'actionne le levier avec la paume. Cette position, si elle est juste, vous permet de passer les vitesses sans effort sur le levier.

ÉLÉMENTS MÉCANIQUES

EN RÉSUMÉ

✓ Les vitres et les feux doivent être propres, la lunette arrière désembuée et dégivrée.
✓ Pas d'étiquettes autres que les vignettes de contrôle technique et d'assurance sur le pare-brise.
✓ À l'avant : feux de position, de croisement et de route. Feux de brouillard facultatifs.
✓ À l'arrière : plaques réfléchissantes rouges, feux de recul, feux de position, feux stop et feux de brouillard. Éclairage de la plaque d'immatriculation.
✓ À l'avant et à l'arrière : clignotants et feux de détresse. Il peut y avoir des répétiteurs latéraux.
✓ Portées minimales : feux de croisement = 30 m sans éblouir ; feux de route = 100 m.
✓ Les rétroviseurs permettent de couvrir en partie vers l'arrière le champ de vision du conducteur, mais il faut aussi tourner la tête pour voir sur les côtés.
✓ Le volant se tient entre 9h15 et 10h10.
✓ La commande des feux se situe à gauche du volant. Cette manette active aussi les clignotants.
✓ La commande des essuie-glaces, située à droite du volant, possède trois positions : intermittente, normale et rapide. Elle actionne aussi l'essuie-glace arrière et les lave-glaces.
✓ Je peux désembuer le pare-brise avec les aérateurs et la production de chaleur.
✓ Des cadrans et des témoins lumineux permettent de connaître la vitesse à laquelle je roule, le kilométrage parcouru, etc. L'action sur les commandes allume des témoins.
✓ Le levier de vitesse permet de choisir le rapport qui permettra à la voiture de démarrer puis de circuler à différentes vitesses, en fonction de la puissance dont j'ai besoin.

MINI ÉVAL

1- Pour désembuer rapidement le pare-brise, les réglages sont ici correctement effectués :
OUI_____A ❏
NON_____B ❏

2- Un véhicule automobile doit posséder à l'arrière :
deux feux rouges_____A ❏
trois feux stop_____B ❏
un ou deux feux arrière de brouillard_____C ❏
un feu de marche arrière_____D ❏

M ÉLÉMENTS MÉCANIQUES

Mécanique

Une voiture est constituée d'un châssis coque et d'une carrosserie ; de quatre roues ; d'un moteur ; et d'un intérieur aménagé pour le confort et la sécurité des passagers. À cela s'ajoutent des accessoires obligatoires ou facultatifs.

Sécurité passive et active

La sécurité passive concerne tout ce qui dans le véhicule protège des chocs (structures de carrosserie, ceintures, airbag).
La sécurité active concerne tout ce qui dans le véhicule participe à éviter l'accident (ABS, AFU, ESP, ASR)*.
La carrosserie est un squelette comprenant un habitacle quasi indéformable pour protéger les passagers et des parties déformantes pour amortir les chocs en cas d'accident.
Les ceintures de sécurité servent à maintenir les passagers sur leur siège et à diffuser progressivement la violence du choc, afin d'en diminuer les conséquences.
Les airbags complètent les ceintures en amortissant et en protégeant le visage et les membres.

La transmission

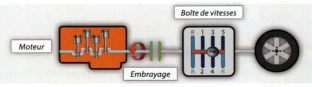

C'est tout ce qui permet de faire passer le mouvement et la puissance du moteur vers les roues. Sur certains véhicules, tout est automatisé.

*ABS = assistance au freinage qui évite le blocage des roues et permet de diriger le véhicule
AFU = assistance à la pression de freinage d'urgence
ESP = correcteur de trajectoire en cas de début de dérapage
ASR = empêche le patinage d'une roue lors d'une accélération sur chaussée glissante

ÉLÉMENTS MÉCANIQUES

Le freinage

Les freins à disque et les freins à tambour :

Les véhicules de tourisme sont maintenant équipés de freins à disque, assistés par un ABS (système antiblocage de roues). L'ABS permet de diriger le véhicule tout en freinant en urgence car les roues ne se bloquent pas. Attention, cependant, il ne raccourcit pas les distances de freinage.
En actionnant la pédale de frein, le freinage agit sur les quatre roues du véhicule.

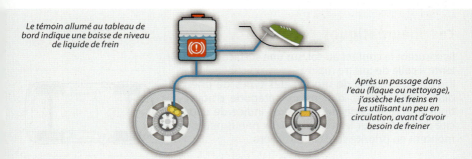

Le témoin allumé au tableau de bord indique une baisse de niveau de liquide de frein

Après un passage dans l'eau (flaque ou nettoyage), j'assèche les freins en les utilisant un peu en circulation, avant d'avoir besoin de freiner

Ce témoin indique que le frein à main est serré

Le frein de parcage :

Appelé aussi frein à main, il sert à immobiliser le véhicule. Il peut aussi servir en cas de défaillance du système principal. Pour ce faire, je tire le levier et je dose, tout en maintenant enfoncé le cliquet de blocage.

Le freinage d'urgence :

Si je dois freiner en urgence et que mon véhicule ne possède pas d'ABS, j'appuie jusqu'à la limite de blocage des roues, puis je relâche légèrement la pression et j'appuie de nouveau jusqu'à la limite.

ÉLÉMENTS MÉCANIQUES

La suspension

La suspension participe au confort des passagers, mais aussi et surtout à la tenue de route du véhicule. Une mauvaise suspension engendre des distances de freinage plus longues.

Pour une vérification sommaire, j'appuie sur un bord du véhicule, il s'enfonce, remonte, baisse de moitié puis revient en place. S'il continue d'osciller, l'amortisseur est alors défectueux.

La suspension est composée d'un ressort et d'un amortisseur sur chaque roue. Les pneumatiques complètent l'ensemble.

Les pneumatiques

Ils assurent le contact au sol, sur une surface équivalente à celle de quatre mains.
Il n'est pas permis de monter des types de pneus différents (marque, dimension, catégorie d'utilisation, structure, code de vitesse et indice de capacité de charge) sur le véhicule. Deux pneus neufs se montent en priorité sur l'essieu arrière.

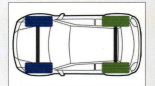

Déchirure toile, boursouflure

Défaut de parallélisme

Nid-de-poule, coup de trottoir

La profondeur des sculptures ne doit pas être inférieure à 1,6 mm afin de pouvoir évacuer l'eau de pluie. Les témoins d'usure sont signalés sur le bord par un TWI, un triangle ou un Bibendum. Il ne doit pas y avoir une différence d'usure de plus de 5 mm entre les roues d'un même essieu.
Un pneu usé augmente les distances de freinage et fait apparaître l'aquaplanage plus tôt *(voir p.161)*.

ÉLÉMENTS MÉCANIQUES M

📋 EN RÉSUMÉ

✓ La carrosserie possède une partie rigide pour protéger les passagers et des parties déformables pour amortir un choc lors d'un accident.
✓ Les ceintures et les airbags participent à la prise en charge des passagers lors d'un choc.
✓ La transmission est composée d'un moteur, d'un embrayage, d'une boîte de vitesses et de roues.
✓ Le freinage est assuré par des freins à tambours et à disques. Le frein à main immobilise la voiture et peut servir de frein de secours.
✓ La suspension est composée de quatre amortisseurs et ressorts entre la carrosserie et l'essieu.
✓ Les pneus participent à la suspension et à la tenue de route.
✓ Pas de déchirure ni de hernie sur les flancs du pneu et la profondeur des sculptures n'est pas inférieure à 1,6 mm.

✏️ MINI ÉVAL

1- Étant équipé d'un freinage ABS, je peux raccourcir la distance de sécurité à un trait :
OUI _____ A ☐
NON _____ B ☐

2- Je viens de démarrer et ce témoin reste allumé. Cela peut provenir :
du frein à main mal desserré
OUI _____ A ☐   NON _____ B ☐
des feux de position allumés
OUI _____ C ☐   NON _____ D ☐

3- La profondeur des rainures principales d'un pneu doit être au minimum de :
- 0,6 mm _____ A ☐
- 1,6 mm _____ B ☐
- 16 mm _____ C ☐

Réponses : 1-B 2-AD 3-B

M ÉLÉMENTS MÉCANIQUES

Entretien

Les contrôles avant de démarrer

Chaque jour, j'effectue un contrôle visuel du véhicule afin de repérer d'éventuelles anomalies.
Le tour de la voiture :
- pour voir si un pneu n'est pas dégonflé ou crevé ;
- pour voir si les feux et surfaces vitrées ne sont pas détériorés ou sales ;
- pour mesurer l'espace disponible afin de m'insérer.

L'entretien périodique

Tous les mille kilomètres, ou une fois par mois, je vais contrôler les divers organes afin de pouvoir m'assurer du bon état du véhicule et circuler en sécurité.

Je lève le capot - et muni d'un chiffon - je vais effectuer les contrôles suivants.

Le niveau d'huile moteur :

Le niveau d'huile se contrôle moteur froid. Sur la jauge, le niveau doit se situer entre les deux repères. J'ajoute de l'huile moteur s'il le faut (diesel ou essence).

Le niveau du liquide de refroidissement :

Le niveau se situe entre mini et maxi. Attention, je n'ouvre le bouchon que si le moteur est refroidi car il y a risque de projection d'eau bouillante.

Le niveau de liquide de frein :

Le niveau se situe entre mini et maxi. Avec l'usure des plaquettes le niveau baisse un peu. S'il baisse trop, je consulte un spécialiste.
Attention aux fuites car il y a un risque de perte brusque de freinage.

ÉLÉMENTS MÉCANIQUES M

Les pneumatiques

Au moins une fois par mois, je m'arrête dans une station de gonflage et je vérifie la pression à l'aide d'un manomètre.

J'ajuste les pressions selon les indications du livret d'entretien (ou intérieur de portière). J'ajoute 200 à 300 g (ou 0,2 à 0,3 bar) si le véhicule est chargé ou si j'effectue de longs parcours.

Le contrôle de la pression s'effectue à froid. Si je l'effectue après quelques kilomètres, je n'enlève pas de pression mais j'ajuste en ajoutant de l'air.

Un pneu surgonflé durcit un peu le confort.
Un pneu sous-gonflé chauffe jusqu'au décollement de la bande de roulement et risque d'exploser. La consommation augmente, les distances de freinage s'allongent et la tenue de route est mauvaise.

En cas de crevaison, je sors de la chaussée et je choisis un sol dur pour pouvoir utiliser le cric :

→ je serre le frein à main et enclenche une vitesse ;

→ je débloque les boulons avant de monter le véhicule avec le cric ;

→ je change de roue ;

→ je bloque les boulons après avoir redescendu le véhicule.

La roue de secours se situe sous le coffre à l'arrière (voir livret du véhicule).

Un pneu en galette limite la vitesse à 80 km/h et sert à rejoindre un réparateur à proximité.

Il est conseillé de posséder une bombe anti-crevaison !

Les essuie-glaces et le lave-glace

Les essuie-glaces possèdent une lamelle en caoutchouc. Cette matière s'use et se détériore avec le soleil et le gel.
Je change les balais une fois par an, avant la mauvaise saison.
Je contrôle et je remplis le ou les réservoirs de lave-glace avec un liquide de nettoyage de vitres. Ceux du commerce contiennent un antigel.

La batterie

La plupart des batteries sont « sans entretien », je n'ai donc pas à m'en préoccuper. Pour les autres, je vérifie le niveau de liquide qui doit atteindre les repères, et j'ajuste avec de l'eau distillée seulement. Attention, une étincelle, une flamme ou une cigarette peuvent provoquer une forte explosion, projetant de l'acide très corrosif sur le visage et les mains !

Il est possible de démarrer un autre véhicule en panne de batterie. Pour ce faire, avec des câbles spéciaux, je branche les bornes positives entre elles puis les bornes négatives. Je maintiens en accélération moyenne le moteur. Pour débrancher, j'enlève le câble négatif puis le câble positif .

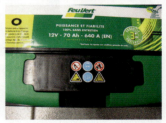

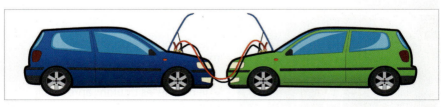

Les courroies

Le moteur entraîne divers accessoires à l'aide de courroies (alternateur, pompes, etc.). Je vérifie leur tension qui ne doit pas débattre de plus d'un centimètre. Elles ne doivent pas être effilochées.

ÉLÉMENTS MÉCANIQUES   M

Les fusibles

Les fusibles sont placés dans un boîtier étanche sous le capot ou dans un logement du tableau de bord (voir livret du véhicule).
Ils protègent le véhicule d'un court-circuit.
Je remplace un fusible fondu par le même, qui est de la même couleur. Le remplacer par un autre risque de provoquer un incendie...

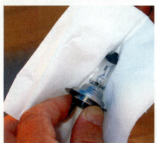

Les ampoules

Chaque feu possède une ampoule spécifique.
Je ne touche pas directement une ampoule des feux de croisement et de route. En effet, les traces de doigts sur le verre spécial risquent de le fendre ensuite avec la chaleur et de griller l'ampoule.
Je consulte le livret du constructeur pour connaître la procédure de changement d'ampoule.

Une boîte d'ampoules et de fusibles de rechange est indispensable.
Lorsqu'une ampoule grille, je change les deux, symétriquement, car l'autre est usée et va griller à son tour. Une ampoule perd jusqu'à 50 % de ses capacités d'éclairage avec le temps.

 Si le bruit du clignotement s'accélère, cela signifie que l'une des ampoules des clignotants est grillée.

Les professionnels

Les visites d'entretien périodiques sont inscrites sur un livret de garantie, qui comporte une liste complète des vérifications mécaniques, d'anti-pollution et de sécurité. Tous les 7 500 à 30 000 km selon les modèles, l'huile permettant la lubrification du moteur, les filtres à air et à huile, sont à changer.

M ÉLÉMENTS MÉCANIQUES

Nettoyage du véhicule

Une station de lavage consomme beaucoup moins d'eau que chez soi. Je vais donc préférer ce mode plutôt que dans la rue où c'est interdit ! Les caniveaux servent à recueillir les eaux de pluie et non pas les eaux usées...

Surfaces vitrées et optiques

Les vitres et les optiques se nettoient avec une éponge et de l'eau savonneuse ou avec un produit ménager de la maison. Ne pas utiliser la surface grattante de l'éponge car elle raye !

Attention, l'intérieur de la lunette arrière comporte des résistances chauffantes fragiles. Je nettoie dans le sens des fils.
Le tableau de bord se nettoie avec un chiffon sec et un produit pour les matières plastiques.

Graissage

Périodiquement je pulvérise un peu d'huile de graissage au niveau des serrures et des charnières des portes et du capot.
L'hiver, il est parfois nécessaire de pulvériser un produit dégivrant dans les serrures.

ÉLÉMENTS MÉCANIQUES

EN RÉSUMÉ

✓ Avant de démarrer, je fais le tour de la voiture pour un contrôle rapide.
✓ Périodiquement, je contrôle l'huile moteur, l'eau de refroidissement, le liquide de frein.
✓ Je vérifie une fois par mois la pression des pneus. Je l'effectue à froid ; et je ne dégonfle jamais si je le fais à chaud. En charge ou sur long parcours, je surgonfle de 200 à 300 g.
✓ Un pneu sous-gonflé risque l'explosion.
✓ Pour changer une roue, je choisis un sol dur et un lieu protégé. Une galette de secours limite la vitesse à 80 km/h pour rejoindre un réparateur.
✓ Je change les essuie-glaces chaque année et j'assure le plein des lave-glaces avec un produit détergent et antigel.
✓ Les batteries avec entretien sont mises à niveau avec de l'eau distillée. Attention au risque d'explosion en présence d'une flamme ou d'une cigarette.
✓ Un débattement d'un centimètre d'une courroie est normal.
✓ Pour changer un fusible, je choisis la même couleur. Pour changer une ampoule, je la saisis avec un chiffon.
✓ Une vidange et un changement des filtres s'effectuent environ tous les 7 500 à 30 000 km.

MINI ÉVAL

1- En règle générale, on effectue la vidange d'huile moteur :
tous les 2 500 km _____ A ☐
entre 15 000 et 30 000 km _____ B ☐
tous les 100 000 km _____ C ☐

2- Le sous-gonflage peut avoir pour conséquences :
- l'éclatement du pneu _____ A ☐
- une usure prématurée du pneu _____ B ☐
- une amélioration de la tenue de route ___ C ☐
- une augmentation de la consommation de carburant _____ D ☐

3- Je peux remplacer un fusible défectueux par un fusible :
de même ampérage _____ A ☐
d'un ampérage supérieur _____ B ☐
d'un ampérage inférieur _____ C ☐
de même couleur _____ D ☐

Réponses : 1-B ; 2-ABD ; 3-AD

ÉLÉMENTS MÉCANIQUES

Dynamique du véhicule

L'énergie cinétique

L'énergie cinétique, c'est une réserve de puissance qu'un objet accumule lorsqu'il est en mouvement. Cela permet, par exemple, au ballon de continuer d'avancer lorsque l'énergie qui lui donne ce mouvement s'arrête.

Lorsque je cesse d'accélérer, le véhicule continue sur sa lancée grâce à cette énergie cinétique.

Vitesse X2 => Énergie X4

L'énergie cinétique dépend surtout du carré de la vitesse.

$$Ec = 1/2\ mV^2$$

(Formule qu'il n'est pas nécessaire de retenir)

m = la masse du véhicule et du chargement (bagages et passagers)

V^2 = la vitesse en mètres par seconde au carré

La vitesse joue un rôle très important dans l'intensité de l'énergie cinétique.

ÉLÉMENTS MÉCANIQUES M

Les distances de freinage

Plus je vais vite et plus il me faut du temps et de la distance pour m'arrêter.

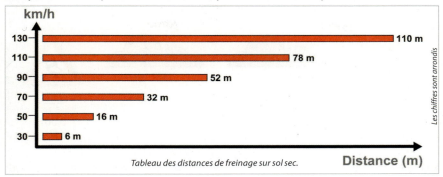

Tableau des distances de freinage sur sol sec.

La distance d'arrêt

La distance d'arrêt comprend la distance parcourue durant le temps de réaction, à laquelle j'ajoute la distance de freinage.

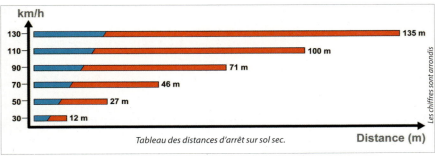

Tableau des distances d'arrêt sur sol sec.

M — ÉLÉMENTS MÉCANIQUES

L'adhérence

La distance de freinage dépend de l'adhérence au sol du véhicule : c'est-à-dire de l'état de la route, de la météo et de l'état des pneus.

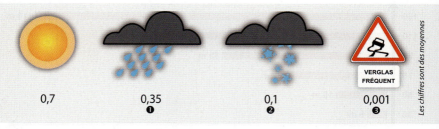

0,7   0,35 ❶   0,1 ❷   0,001 ❸

Les chiffres sont des moyennes

La pluie❶ multiplie par 2 la distance de freinage ; la neige❷ la multiplie par 7 ; et sur le verglas❸ il n'y a plus d'adhérence.

Pense-bête

Pour avoir une idée approximative de la distance parcourue en une seconde, je multiplie le chiffre des dizaines de la vitesse par 3.

50 km/h	**5** x 3 = 15 m
80 km/h	**8** x 3 = 24 m
110 km/h	**11** x 3 = 33 m

Pour avoir une idée très approximative de la distance d'arrêt, je multiplie le chiffre des dizaines de la vitesse par lui-même.

50 km/h	**5** x 5 = 25 m
80 km/h	**8** x 8 = 64 m
110 km/h	**11** x 11 = 121 m
130 km/h	**13** x 13 = 169 m

ÉLÉMENTS MÉCANIQUES

La force centrifuge

C'est la force qui tend à me faire sortir du virage. C'est l'adhérence des pneus qui me maintient dans la trajectoire du virage.
Si ma vitesse est trop grande, je dépasse les capacités d'accroche des pneus et je sors de la route.
Plus le virage est serré, plus je dois ralentir.

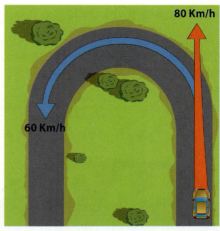

Négocier en sécurité un virage

Pour m'engager correctement dans un virage :
❶ je ralentis en fonction de la courbe et de la visibilité sur la sortie ;
❷ j'élargis au maximum la courbe ;
❸ j'évite de trop serrer la ligne médiane ;
❹ je suis à droite ou bien dans ma voie à la sortie du virage.

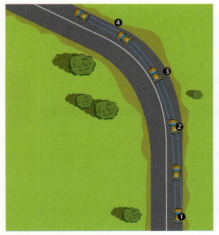

le virage à gauche

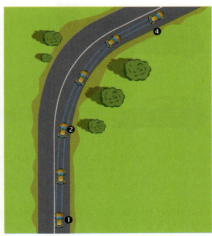

le virage à droite

ÉLÉMENTS MÉCANIQUES

La violence d'un choc

La violence du choc augmente avec le carré de la vitesse !
Cela signifie qu'une petite variation de la vitesse engendre une très grande différence d'énergie et de violence de choc.

Tout ce qui se trouve dans le véhicule possède sa propre énergie cinétique : passagers et bagages !

Je ne laisse pas d'objet sur la plage arrière.

Arrêt brutal,
blessures graves et mortelles, même à faible vitesse.

Distance d'arrêt normal,
supportable par les passagers.

Malgré les déformations de la carrosserie et la protection des passagers par les ceintures et les systèmes de protection intérieure, ce sont les organes (cerveau, foie, cœur, rate, etc.) qui ne résistent pas à la décélération brutale !

Il est donc très important de ne pas dépasser les limitations de vitesse, même de très peu, car les normes des véhicules et de l'infrastructure sont prévues pour celles-ci, mais pas au-dessus…

ÉLÉMENTS MÉCANIQUES — M

EN RÉSUMÉ

✓ L'énergie cinétique dépend surtout du carré de la vitesse.
✓ La distance de freinage varie avec le carré de la vitesse.
✓ La distance d'arrêt correspond à l'addition de la distance parcourue durant le temps de réaction et la distance de freinage.
✓ L'adhérence au sol varie en fonction de la qualité du revêtement, des pneus et de la météo. Elle influence considérablement la distance de freinage.
✓ La force centrifuge tend à sortir le véhicule de sa trajectoire en virage. Elle dépend surtout de la vitesse et du rayon du virage.
✓ La violence d'un choc varie avec le carré de la vitesse. Un corps humain ne peut pas supporter une décélération trop violente.

MINI ÉVAL

1- Sur route mouillée, la distance de freinage est multipliée :
par 2 _____ A ❏
par 3 _____ B ❏
par 4 _____ C ❏

2- Plus ma vitesse est élevée et plus mon temps de réaction augmente :
OUI _____ A ❏
NON _____ B ❏

3- La force centrifuge :
maintient le véhicule dans le virage :
OUI _____ A ❏   NON _____ B ❏
augmente avec la vitesse :
OUI _____ C ❏   NON _____ D ❏

4- Sur la plage arrière, je peux déposer :
un cartable _____ A ❏
un vêtement _____ B ❏
un journal _____ C ❏
un parapluie _____ D ❏

Réponses : 1-A 2-B 3-BC 4-BC

ÉVALUATION

1- Le niveau d'huile moteur est suffisant :
OUI _____ A ❑
NON _____ B ❑

2- Les pneumatiques participent :
à la direction du véhicule
OUI _____ A ❑   NON _____ B ❑
à la suspension du véhicule
OUI _____ C ❑   NON _____ D ❑

3- Si je commets un délit, mon permis peut être suspendu :
OUI _____ A ❑
NON _____ B ❑

4- En cas d'accident, je communique :
le nombre des victimes _____ A ❑
l'état des victimes _____ B ❑
l'identité des victimes _____ C ❑

5- Lors d'un contrôle, si je n'ai pas sur moi la carte grise, pour la présenter je dispose au maximum de :
1 jour _____ A ❑
3 jours _____ B ❑
5 jours _____ C ❑

ÉVALUATION M

6- Mon véhicule a besoin de documents spécifiques pour circuler en Europe :
OUI _____ A ❑
NON _____ B ❑

7- La profondeur minimale des sculptures ne doit pas descendre en dessous :
de 2 millimètres _____ A ❑
de 1,6 millimètre _____ B ❑
de 1 millimètre _____ C ❑

8- Ne pas s'arrêter à un contrôle de police :
- constitue un délit de fuite _____ A ❑
- est un refus d'obtempérer _____ B ❑
- peut entraîner une suspension de 3 ans du permis de conduire _____ C ❑

9- Le liquide de refroidissement fait partie des niveaux que je dois contrôler périodiquement sur mon véhicule :
OUI _____ A ❑
NON _____ B ❑

10- En tant que conducteur novice, je peux perdre l'ensemble des points affectés à mon permis de conduire en une seule infraction :
OUI _____ A ❑
NON _____ B ❑

Réponses : 1-A 2-AC 3-A 4-AB 5-C 6-B 7-B 8-BC 9-A 10-A

E — RESPECT DE L'ENVIRONNEMENT

Autrefois un rêve, aujourd'hui une nécessité. Mais à quoi sert la voiture ? Trop de voitures engendrent de la pollution et du gaspillage dont les effets se mesurent à l'échelle de la planète.
Comment peut-on limiter ces effets ?

RESPECT DE L'ENVIRONNEMENT

Ecomobilité et écoconduite

Les transports en commun

Les petits parcours sont très consommateurs de carburant.
Autant que possible j'utilise les transports en commun afin de diminuer la pollution. Il existe des Parkings + Relais à l'entrée des grandes villes (bus, métro, tramway).

Les transports écoresponsables

Le covoiturage est l'utilisation d'une même voiture par plusieurs personnes effectuant un trajet commun, dans le but d'alléger les frais de transport et de limiter la pollution.

L'autopartage est le principe du vélopartage adapté à la voiture. Un véhicule est ainsi proposé en libre-service.

Le pedibus est un mode de ramassage scolaire visant à encadrer les déplacements des enfants sur le trajet domicile-école. Il permet par la pratique d'intégrer des notions de prévention et d'écomobilité.

L'écoconduite

La pollution varie selon le comportement du conducteur.
Accélérations intempestives et freinages tardifs engendrent une surconsommation de 40 %.

■ *Plage économique*
■ *Surconsommation excessive*
■ *Danger pour le moteur (surrégime)*

➜ Je monte sans attendre sur le rapport de vitesse le plus haut, sans pousser les régimes moteur intermédiaires.
➜ Je stabilise ma vitesse sans trop varier le régime du moteur.
➜ Je ralentis plutôt en levant le pied de l'accélérateur qu'en freinant.
➜ J'anticipe les ralentissements.

J'évite de circuler avec les vitres baissées ou avec le toit ouvert. Tout ce qui augmente la résistance à l'air est coûteux en énergie : laisser une galerie vide sur le toit augmente notamment de 10 % la consommation. Le sous-gonflage augmente également la consommation de carburant.

RESPECT DE L'ENVIRONNEMENT

→ J'utilise un porte-vélos placé à l'arrière plutôt que sur le toit.
→ Je préfère une remorque à une galerie.
→ Je coupe le moteur en attente dans une file (station-service, passage à niveau, etc.) ou dans un embouteillage.

La climatisation est un très gros consommateur d'énergie ! Je préfère ventiler et aérer avant de l'utiliser.

Le bruit

Sur les voies rapides ou les autoroutes, à proximité de zones urbaines, la réduction de vitesse sert aussi à réduire le bruit provoqué par les moteurs et les pneumatiques.

L'entretien mécanique

Le réglage de l'injection ou de la carburation ne peut être effectué que par un spécialiste avec un matériel électronique.

Si je pratique moi-même la vidange du moteur, je dois déposer l'huile usagée dans une déchetterie où elle sera recyclée.

Il en est de même pour d'anciennes pièces mécaniques comportant de l'amiante.

Le pot d'échappement contient des particules métalliques, résidus de la combustion du carburant.

E RESPECT DE L'ENVIRONNEMENT

Les pics de pollution

Par grande chaleur, la préfecture peut imposer des limitations de vitesse plus restrictives aux abords des grandes villes

Cela contribue au maintien de la qualité de l'air.
Lors de certains pics de pollution, la préfecture peut décider la mise en oeuvre de la circulation différenciée, pendant laquelle seuls les véhicules équipés de la vignette Crit'Air peuvent circuler.

Le malus éco

La pollution :

Toutes les voitures ne polluent pas de la même manière.
Il va de soi qu'une petite cylindrée rejettera moins de produits toxiques dans l'atmosphère qu'une grosse cylindrée.
Il s'agit principalement de CO_2 (dioxyde de carbone) qui est le principal gaz à effet de serre responsable du changement climatique.

Pollueur payeur !

Les véhicules gros consommateurs de carburant rejettent plus de gaz carbonique que les autres.

Étiquette énergie/CO2

Elle est obligatoire et doit être apposée sur chaque voiture neuve. L'étiquette comporte sept classes de couleurs différentes et permet à tout acheteur potentiel d'être renseigné de manière lisible et comparative sur les émissions de CO_2 du véhicule.

Étiquette énergie

RESPECT DE L'ENVIRONNEMENT   E

📋 EN RÉSUMÉ

✓ Les petits parcours consomment beaucoup de carburant, je préfère les transports en commun.
✓ Une conduite énergique provoque une surconsommation de 40 % ; une galerie de 10 %. Un sous-gonflage et la climatisation sont très gourmands.
✓ Une conduite souple, en léger sous-régime, économise le carburant.
✓ J'anticipe les ralentissements en décélérant à l'avance.
✓ La limitation de vitesse participe à la réduction du bruit.
✓ Le contrôle technique permet de connaître la pollution du moteur et d'effectuer ensuite les réglages dans un garage.
✓ J'utilise la déchetterie pour me débarrasser des huiles et des pièces usées.
✓ L'étiquette énergie permet de vérifier, avant l'achat d'un véhicule neuf, son niveau de consommation et de pollution.

✏️ MINI ÉVAL

1- Pour me rendre à mon travail, je privilégie :
ma voiture _____ A ❑
les transports en commun _____ B ❑

2- Remédier à la pollution de l'air ne concerne que le garagiste :
OUI _____ A ❑
NON _____ B ❑

3- La consommation de carburant augmente avec :
une conduite dynamique
OUI _____ A ❑   NON _____ B ❑
un sous-gonflage des pneus
OUI _____ C ❑   NON _____ D ❑

4- Pour consommer moins de carburant :
- je transporte un objet encombrant à l'aide d'une galerie sur le toit _____ A ❑
- je transporte un objet encombrant dans une remorque attelée au véhicule _____ B ❑
- je conserve ma galerie vide sur le toit du véhicule ___ C ❑

Réponses : 1-B   2-B   3-AC   4-B

ÉVALUATION

1- Un contrôle antipollution :
doit être effectué périodiquement
OUI_____A❏   NON_____B❏
peut être effectué par la police
OUI_____C❏   NON_____D❏

3- Pour diminuer la consommation de carburant, je transporte les vélos :
Sur la galerie de toit_____A❏
Sur un porte-vélos arrière_____B❏

3- Ce véhicule est :
peu polluant_____A❏
moyennement polluant_____B❏
très polluant_____C❏

4- Je roulerai mieux dans cette côte :
en troisième_____A❏
ou
en quatrième_____B❏

5- Le témoin de jauge de carburant vient de s'allumer.
Je peux rejoindre la prochaine station :
OUI_____A❏   NON_____B❏
Je réduis un peu ma vitesse :
OUI_____C❏   NON_____D❏

ÉVALUATION

6- La pollution est constituée :
de gaz carbonique
OUI_____A☐   NON_____B☐
de particules métalliques
OUI_____C☐   NON_____D☐

7- En diminuant la vitesse, on diminue la pollution :
OUI_____A☐
NON_____B☐

8- La consommation de carburant augmente si :
Les pneus sont sous-gonflés_____A☐
Les vitres sont ouvertes_____B☐
Ma conduite est brusque_____C☐
La circulation est fluide_____D☐

9- Avec un entretien régulier de mon véhicule :
j'économise du carburant :
OUI_____A☐   NON_____B☐
je préserve l'environnement :
OUI_____C☐   NON_____D☐

10- À vitesse égale un véhicule de grosse cylindrée consomme plus de carburant qu'un autre :
OUI_____A☐
NON_____B☐

Réponses : 1-AC 2-B 3-B 4-A 5-AC 6-AC 7-A 8-ABC 9-AC 10-A

Notes

D RÈGLEMENTATION GÉNÉRALE

Les permis de conduire sont gérés par un ordinateur central dans lequel toutes les infractions entraînant retraits de points, suspensions, invalidations ou annulations sont enregistrées. Le conducteur assure son véhicule. Il est enfin soumis aux aléas de la vie et de la santé.

D RÈGLEMENTATION GÉNÉRALE

Administration

Ce titre est un document administratif européen sur lequel sont inscrits le ou les permis obtenus, ainsi que les éventuelles restrictions, limitations ou aménagements. Une visite médicale périodique ou ponctuelle est parfois obligatoire. Un permis militaire peut être transformé en permis civil.

Hors Europe :

Il est parfois nécessaire ou utile de se faire établir un duplicata appelé « Permis international » auprès d'une préfecture ou d'une sous-préfecture. Ce titre ne remplace pas l'original qu'il faut montrer en même temps.

Gestion automatisée :

Chaque conducteur possède un dossier sur lequel sont inscrits tous les événements concernant :

- les examens passés et les permis obtenus ;
- les points perdus et récupérés automatiquement ou par stage ;
- les infractions (contraventions et délits) ;
- les suspensions, annulations et invalidations du permis de conduire ;
- des informations du type échange, transformation ou conditions particulières, ainsi que les visites médicales.

Ce dossier est accessible en se présentant personnellement à la préfecture, ou sous-préfecture, muni d'une pièce d'identité. Une copie imprimée du solde des points restants peut être obtenue. Aucune communication n'est effectuée par téléphone.

L'administration délivre alors des codes d'accès pour consulter son solde de points sur Internet. https://tele7.interieur.gouv.fr/

Attention, le retrait de points peut être effectif plusieurs semaines après avoir payé l'amende.

L'administration expédie un courrier en « recommandé » lorsque le capital points descend à 6, ou moins, afin de prévoir éventuellement un stage de récupération. Lorsque le capital est à zéro, une lettre recommandée avec accusé de réception parvient au domicile du conducteur. Il doit alors rendre son permis à la préfecture ou la sous-préfecture dans un délai de dix jours.

Un permis invalidé, suspendu ou annulé touche tous les permis possédés.

RÈGLEMENTATION GÉNÉRALE

Les catégories de permis de conduire

Catégories	Types de véhicules / Caractéristiques	Âge minimum	Prérequis
AM	Deux ou trois-roues à moteur et quadricycles légers à moteur - cylindrée ≤ 50 cm^3 - puissance ≤ 4 kW - vitesse maxi : 45 km/h	14 ans	ASSR 1 ou 2 ou ASR
A1	Motocyclettes avec ou sans side-car - cylindrée ≤ 125 cm^3 - puissance ≤ 11 kW (15 CV) - rapport puissance/poids ≤ 0,1 kW/kg Tricycles à moteur - puissance ≤ 15 kW (20 CV)	16 ans	ASSR 2 ou ASR
A2	Motocyclettes avec ou sans side-car - puissance ≤ 35 kW (47 CV) - rapport puissance/poids ≤ 0,2 kW/kg - la puissance ne peut résulter du bridage d'un véhicule développant plus de 70 kW	18 ans	ASSR 2 ou ASR
A	Motocyclettes avec ou sans side-car sans limitation de puissance si équipée d'ABS	A2 depuis plus de 2 ans + formation de 7h	ASSR 2 ou ASR
B1	Quadricycles à moteur - puissance ≤ 15 kW - poids à vide : maxi 550 kg pour les transports de marchandises et 400 kg pour les transports de personnes	16 ans	ASSR 2 ou ASR
B	Véhicules automobiles - PTAC ≤ 3,5 t - maximum 9 places assises, conducteur inclus Remorques - PTAC ≤ 750 kg - ou PTAC > 750 kg si somme des PTAC ≤ 3,5 t	18 ans	ASSR 2 ou ASR
B96	- une formation de 7h est obligatoire si la somme des PTAC est > 3,5 t et ≤ 4,25 t	18 ans	ASSR 2 ou ASR + PERMIS B
BE	Véhicules automobiles + remorques - remorque PTAC > 750 kg et ≤ 3,5 t - si la somme des PTAC > 4,25 t	18 ans	PERMIS B

D RÈGLEMENTATION GÉNÉRALE

Examen médical

Le permis peut être soumis à un contrôle médical, certains handicaps ou maladies étant incompatibles avec la conduite. Suite à un accident corporel le préfet peut demander un examen médical ponctuel.
Ce contrôle médical est systématique et périodique pour certaines professions (taxi, ambulance, auto-école...) ou catégories de permis (C, D, E) : tous les 5 ans jusqu'à 60 ans, tous les 2 ans jusqu'à 76 ans et tous les ans au-delà. Mention en est faite sur le permis de conduire.

Les contrôles

Les agents peuvent me faire des signes à partir de leur véhicule ou du bord de la route pour un contrôle.
Ne pas s'arrêter est un délit de refus d'obtempérer !

Feu rouge portatif : arrêt obligatoire

Feu jaune portatif : ralentir

Je dois m'arrêter à droite pour un contrôle : c'est une injonction d'arrêt le long d'un trottoir ou sur l'accotement

Je suis désigné et je dois m'arrêter : c'est une injonction d'arrêt. L'agent m'indiquera ensuite où je dois me garer

Les documents

Lors de ce contrôle, je dois pouvoir présenter : mon permis de conduire ❶ valide, le certificat d'immatriculation ❷ du véhicule (carte grise) et l'attestation d'assurance ❸. Je dois être à jour avec le contrôle technique. Au cours de ce contrôle, l'agent peut me faire subir un test d'alcoolémie ou de détection de drogue. Si je n'ai pas les documents, je reçois une contravention. Je dois alors les présenter dans les 5 jours sous peine d'une amende plus forte.
Dans le cas de perte ou de vol, le commissariat ou la gendarmerie établiront un formulaire en remplacement. Ce document n'est valable que 2 mois en France.

RÈGLEMENTATION GÉNÉRALE

EN RÉSUMÉ

✓ Le permis de conduire est un titre européen.
✓ Le permis B permet de conduire un véhicule ne comportant pas plus de 9 places assises, y compris celle du conducteur, dont le PTAC ne dépasse pas 3,5 t.
✓ Ce véhicule peut tracter une remorque jusqu'à 750 kg de PTAC, à condition de ne pas dépasser 3,5 t pour les deux PTAC additionnés.
✓ Par équivalence, le permis B permet de conduire les véhicules de la catégorie B1 (tricycles et quadricycles à moteur).
✓ La catégorie B permet de conduire une motocyclette légère A1 après deux ans de permis et une formation de 7h en moto-école.
✓ Lors d'un contrôle de police, je dois présenter le permis de conduire, le certificat d'immatriculation et l'attestation d'assurance. En l'absence de documents, je dois les présenter dans les 5 jours.
✓ En cas de perte ou de vol, un formulaire valable deux mois m'est délivré par le commissariat ou la gendarmerie.

MINI ÉVAL

1- Lors d'un contrôle de police, je dois pouvoir présenter :
la carte grise _____ A ❏
l'attestation d'assurance _____ B ❏
la vignette fiscale _____ C ❏
mon permis de conduire _____ D ❏

2- Je pourrai circuler avec une motocyclette, quelle que soit sa cylindrée :
immédiatement après l'obtention de mon permis B
OUI _____ A ❏   NON _____ B ❏
deux ans après avoir obtenu mon permis B
OUI _____ C ❏   NON _____ D ❏

3- Pour tracter cette remorque de moins de 750 kg, le permis B suffit :
OUI _____ A ❏
NON _____ B ❏

Réponses : 1-ABD 2-BD 3-A

RÈGLEMENTATION GÉNÉRALE

Infractions et sanctions

Lorsque je ne respecte pas une règle du code de la route, je commets une infraction. La sanction est alors en relation avec la gravité de celle-ci : la contravention ou le délit.

Les contraventions

Je peux payer immédiatement l'amende au verbalisateur (amende minorée).
Je peux attendre jusqu'à 45 jours avant de payer par timbre-amende ou Internet (amende forfaitaire). www.amendes.gouv.fr

Si j'attends plus, c'est alors une injonction de payer (amende majorée). Il existe 5 classes de contraventions et pour chacune un tarif qui s'élève en fonction de la gravité.

Contraventions	Amende			Amende maximum
	minorée	forfaitaire	majorée	
paiement	≤ 3 jours de la remise / ≤ 15 jours de l'envoi	≤ 45 jours	> 45 jours	---
piéton	---	4 €	7 €	38 €
1ère classe (hors stationnement)	---	11 €	33 €	38 €
1ère classe	---	17 €	33 €	38 €
2ème classe	22 €	35 €	75 €	150 €
3ème classe	45 €	68 €	180 €	450 €
4ème classe	90 €	135 €	375 €	750 €
5ème classe	1 500 €			

C'est le propriétaire du certificat d'immatriculation qui est financièrement responsable. À lui d'apporter la preuve qu'il n'était pas au volant s'il est innocent.

Un nouveau système de paiement par « télépaiement automatisé ou par timbre dématérialisé » est désormais possible, et permet d'obtenir 15 jours supplémentaires de délai aux 45 jours pour le paiement de l'amende forfaitaire, ainsi que 20 % de remise pour tout paiement dans les 30 jours.

Les délits

L'infraction est grave et peut coûter de 3 500 € à 100 000 € ; et jusqu'à 10 ans de prison pour les cas les plus graves. Le juge peut aussi obliger à suivre un stage de sécurité routière ou à effectuer des travaux d'intérêt généraux (TIG) par exemple.

Le permis de conduire

Le permis de conduire peut-être suspendu pour une période allant jusqu'à 3 ans et plus en cas de récidive. Il peut aussi être annulé de plein droit, avec une durée d'interdiction de le repasser allant jusqu'à 10 ans dans les cas graves.

RÈGLEMENTATION GÉNÉRALE D

Quelques exemples de sanctions :

	Pts	Libellé	Amende	Permis	Prison
Contraventions	0	Stationnement au delà du temps réglementaire	AF : 17 €		
	0	Arrêt ou stationnement gênant sur une voie réservée à certains véhicules	AF : 135 € Max : 750 €		
	1	Excès de vitesse de moins de 20 km/h avec vitesse maximale autorisée de 50 km/h ou moins	AF : 135 € Max : 750 €		
	1	Excès de vitesse de moins de 20 km/h avec vitesse maximale autorisée supérieure à 50 km/h	AF : 68 € Max : 450 €		
	2	Excès de vitesse compris entre 20 km/h et moins de 30 km/h	AF : 135 € Max : 750 €		
	3	Usage d'un téléphone tenu en main (ou avec oreillette) par conducteur d'un véhicule en circulation	AF : 135 €		
	3	Usage d'un téléviseur, d'une console de jeux vidéo ou d'un lecteur DVD en situation de conduite	Max : 1500 €	confiscation du matériel	
	3	Non-respect de la distance de sécurité entre deux véhicules	AF : 135 € Max : 750 €	Susp : 3 ans	
	3	Excès de vitesse compris entre 30 km/h et moins de 40 km/h	AF : 135 € Max : 750 €	Susp : 3 ans	
	3	Dépassement dangereux	AF : 135 € Max : 750 €	Susp : 3 ans	
	3	Défaut de port de ceinture de sécurité (pour le conducteur)	AF : 135 € Max : 750 €		
	4	Non-respect de l'arrêt au feu rouge ou au stop	AF : 135 € Max : 750 €	Susp : 3 ans	
	4	Excès de vitesse compris entre 40 km/h et moins de 50 km/h	AF : 135 € Max : 750 €	Susp : 3 ans	
	6	Conduite en état alcoolique (≥ 0,25 mg/l ou 0,10 mg/l en période probatoire et < 0,4 mg/l d'air expiré)	AF : 135 € Max : 750 €	Susp : 3 ans	
	6	Refus de priorité au piéton engagé sur la chaussée	AF : 135 € Max : 750 €		
Délits	6	Conduite en état alcoolique (≥ 0,4 mg/l d'air expiré) ou en état d'ivresse ou refus de vérification de l'alcoolémie	Max : 4 500 €	Susp : 3 ans Annul : 3 ans	2 ans
	6	Homicide involontaire par conducteur de véhicule	Max : 75 000 €	Susp : 5 ans Annul : 5 ans	5 ans
	6	Récidive d'excès de vitesse de 50 km/h ou plus	Max : 3 750 €	Susp : 3 ans	3 mois

AF = Amende forfaitaire - Max = Maximum pénal - Susp = Suspension - Annul = Annulation
Pts = Nombre de points retirés

RÈGLEMENTATION GÉNÉRALE

Les permis

Le permis de conduire est doté d'un capital de 12 points. Dans le cadre du permis probatoire, le capital est de 6 points. Certaines infractions dangereuses entraînent automatiquement un retrait de points.

Le permis probatoire :

Du fait de leur inexpérience de la conduite, les conducteurs novices sont astreints à des limitations de vitesse spécifiques et à l'apposition du disque A, durant 3 ans dans le cas général (apprentissage traditionnel et conduite supervisée) et durant 2 ans dans le cadre de l'Apprentissage Anticipé de la Conduite (AAC).

Le permis est donc doté de 6 points durant cette période, afin de le fragiliser face aux éventuels mauvais comportements. Il augmente de 2 points tous les ans jusqu'à obtenir 12 points pour les conducteurs ayant suivis la filière traditionnelle d'apprentissage et 3 points chaque année pour l'AAC. À la condition de ne pas perdre de points durant cette période !

Les titulaires d'un premier permis de conduire qui choisissent de suivre une formation complémentaire « postpermis », entre 6 et 12 mois après l'obtention du permis, bénéficient d'une réduction de la période probatoire.

Cette formation est d'une durée d'une journée. En suivant ce stage, la période probatoire est réduite à deux ans, au lieu de trois pour les formations traditionnelles (et à un an et demi au lieu de deux ans pour ceux ayant bénéficié de la conduite accompagnée), sous réserve de ne pas avoir commis d'infraction entraînant la perte de points sur son permis.

La perte de 6 points la 1ère année (alcoolémie par exemple) invalide le permis !

Un conducteur qui perd au moins 3 points en une seule infraction, doit suivre un stage de sécurité routière dans les 4 mois. Attention ! L'infraction pour alcoolémie commence à 0,10 mg par litre d'air expiré au lieu de 0,25 mg chez les autres conducteurs.

La perte de points :

La perte des points est automatique, lorsqu'on a payé la contravention ou après le jugement du tribunal. Je reçois alors un avis du nombre de points perdus.

Je ne peux pas perdre plus de 8 points à la fois pour une même interpellation comportant plusieurs infractions.

RÈGLEMENTATION GÉNÉRALE   D

La restitution automatique de points :

Si je ne perds aucun point durant 3 ans, le capital est alors automatiquement reconstitué à 12 points.
Si je perds 1 point (petit excès de vitesse par exemple), je le récupère au bout de 6 mois, si je ne perds pas d'autre(s) point(s) entre-temps.

Les stages de sécurité routière :

Je peux récupérer un maximum de 4 points, en suivant un stage volontaire de sensibilisation à la sécurité routière de 2 jours.
Je ne peux pas suivre plus d'un stage tous les ans.
Le juge du tribunal peut m'obliger à suivre un stage de sensibilisation à la sécurité routière en peine complémentaire. Dans ce cas, je ne récupère pas de points !

La perte du permis de conduire :

Si je perds tous mes points, je reçois un courrier officiel avec accusé de réception m'en informant, et me demandant de rendre mon permis.
Le permis est invalidé. Je n'ai plus aucun permis. Si j'avais un permis moto ou un permis poids lourd, je devrai alors repasser toutes les catégories.

Repasser le permis de conduire :

Un délai de 6 mois m'est imposé avant d'obtenir un nouveau permis de conduire. Je m'inscris donc au plus tôt après avoir rendu mon permis à la préfecture.
Au préalable, je subis à mes frais un examen médical et un test psychotechnique.

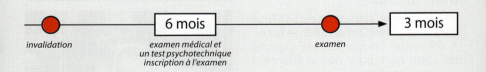

- Permis probatoire :
  Je repasse toutes les épreuves.
- Non probatoire :
  Je ne repasse que l'épreuve du code (ETG), à la condition de ne pas oublier de m'inscrire dans les 9 mois suivant la restitution du permis. Sinon je dois aussi repasser la pratique pour chacun des permis que je possédais.
  Ensuite, je repars avec un nouveau permis probatoire à 6 points, mais je ne suis pas astreint au disque « A », ni aux limitations de vitesse des conducteurs novices.

RÈGLEMENTATION GÉNÉRALE

Assurance

> Un accident coûte très cher ; et un conducteur responsable ne peut pas couvrir les frais de remboursement. L'assurance sert à dédommager les victimes à sa place.

Obligation d'assurance

L'assurance « responsabilité civile » est obligatoire !
Il est, de plus, fortement conseillé de souscrire une extension pour le conducteur car il n'est pas couvert par l'assurance minimale.

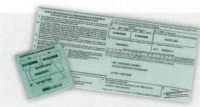

La vignette doit être collée sur le pare-brise (voir p. 202)

Options facultatives

Je peux souscrire des options supplémentaires facultatives qui couvrent le vol, l'incendie, les bris de glace, l'assistance d'un avocat, etc.
Une option «tous risques» couvre tout type d'accident et plus particulièrement lorsque le conducteur est le seul impliqué, sans autre usager : une sortie de route par exemple.

Délit de fuite

Ne pas s'arrêter, alors qu'on est impliqué dans un accident, est un délit de fuite.
A cela peut éventuellement s'ajouter un autre délit pour non-assistance à personne en danger...

Attention !
En cas d'accident avec alcoolémie du conducteur, les dégâts couverts par les options ne sont pas remboursés (ni les blessures du conducteur, ni les dommages subis par son véhicule).

RÈGLEMENTATION GÉNÉRALE   D

Le constat amiable européen

Avant de remplir un constat amiable, je commence par dégager la chaussée afin de ne pas créer de gêne ou de sur-accident.
Quelle que soit la langue utilisée sur les constats européens, ceux-ci sont agencés de la même manière, ils sont identiques !
Rien ne sert de se fâcher ni d'accuser l'un ou l'autre car ce sera l'assureur qui le fera selon un tableau commun à tous (IRSA).
Le constat amiable ne sert qu'à recueillir les faits !
S'il y a un blessé, j'avertis les secours. Les forces de l'ordre viendront pour établir le constat.

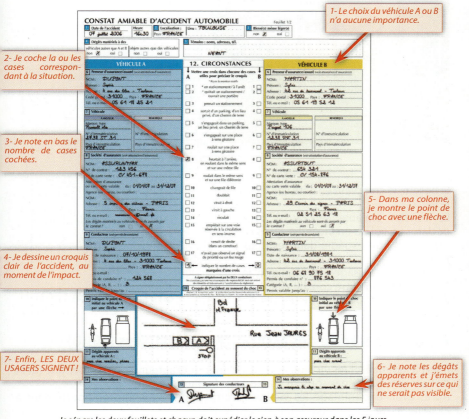

Je sépare les deux feuillets et chacun doit expédier le sien à son assureur dans les 5 jours

D RÈGLEMENTATION GÉNÉRALE

Dans le cas où l'autre usager commet un délit de fuite, je remplis le constat avec les éléments que j'ai pu relever (type et marque du véhicule, immatriculation, etc.) et je note dessus les coordonnées des témoins. Puis je porte plainte au commissariat ou à la gendarmerie.

Si besoin, je complète ensuite chez moi le verso.
Le constat amiable sert aussi pour déclarer un vol ou un incendie. Dans ce cas, il doit être expédié dans les deux jours.
Si un troisième usager est impliqué, je remplis alors un autre constat avec lui.
Il est désormais possible de remplir un e-constat.

Fonds de garantie des assurances obligatoires (FGAO)

Il sert à indemniser les victimes d'un accident dont l'auteur n'est pas identifié (délit de fuite) ou qui n'a pas souscrit d'assurance (défaut d'assurance).
Après avoir dédommagé les victimes, l'organisme demande remboursement à l'auteur de l'accident. www.fondsdegarantie.fr

RÈGLEMENTATION GÉNÉRALE   D

EN RÉSUMÉ

✓ Les contraventions comportent 5 classes de gravité. Les délits comportent des peines de prison, et des peines complémentaires.
✓ La suspension du permis est souvent prononcée pour les infractions dangereuses.
✓ L'annulation peut être prononcée avec une interdiction de repasser le permis.
✓ Le permis de conduire est doté d'un capital de 12 points, mais 6 points seulement pour un permis probatoire. Je peux perdre jusqu'à 8 points à la fois.
✓ Je peux récupérer tous mes points en restant « sage » durant 3 ans ; ou 4 points en effectuant un stage de 2 jours (mais un seul stage tous les ans).
✓ Dans le cadre du permis probatoire, une perte de 3 points ou plus oblige à un stage.
✓ Si je perds tous mes points, je dois repasser le permis de conduire (après 6 mois d'attente).
✓ L'assurance est obligatoire. Il existe des options facultatives.
✓ Ne pas s'arrêter après être impliqué dans un accident est un délit de fuite.
✓ Le constat amiable européen doit être signé par les deux usagers impliqués.

MINI ÉVAL

1- Le refus d'obtempérer est passible d'une simple contravention :
OUI _____ A ❏   NON _____ B ❏
Je peux être soumis à un alcootest :
OUI _____ C ❏   NON _____ D ❏

2- Je viens d'obtenir mon permis de conduire après avoir suivi la formation AAC. Sans infraction, mon capital sera de 12 points après :
1 an _____ A ❏   2 ans _____ B ❏   3 ans _____ C ❏

3- Si un accident implique un véhicule devant et un véhicule derrière moi, je remplis :
un constat _____ A ❏
deux constats _____ B ❏
trois constats _____ C ❏

Réponses : 1-BC 2-B 3-B

RÈGLEMENTATION GÉNÉRALE

Administratif

L'immatriculation

Nouvelles plaques :

Depuis plus de 10 ans, le véhicule ne change plus d'immatriculation en changeant de propriétaire.
À gauche l'État et à droite le logo de la région et le numéro du département. L'immatriculation des véhicules d'occasion dotés des anciennes plaques sera obligatoirement changée lors de la revente, d'un changement d'adresse, ou de toute autre modification affectant la carte grise.

Logo région
Lettre de l'État
Numéro département
Plaque avant ou arrière

Anciennes plaques :

Le véhicule possédait une immatriculation composée de chiffres, de lettres suivies du numéro du département.

Plaque avant (sur fond blanc)
Plaque arrière (sur fond blanc ou jaune)

La carte grise :

La « carte grise » est désormais orangée. Elle contient les spécifications techniques et administratives du véhicule.

Vignette d'assurance

Sa validité est en général d'un an, et reste valide un mois après la date limite. Je dois être en mesure de présenter le document appelé « carte verte » à tout contrôle.

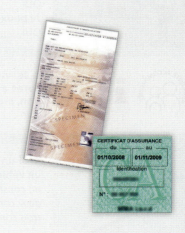

RÈGLEMENTATION GÉNÉRALE

Le contrôle technique

Le contrôle technique permet de connaître l'état sécuritaire de son véhicule ou de celui qu'on souhaite acquérir d'occasion.
La première visite technique a lieu dans les 6 mois qui précèdent le quatrième anniversaire de la voiture. Les visites suivantes ont lieu tous les deux ans.

Si le contrôle est négatif avec défaillance majeure, le véhicule doit être réparé et passer une contre-visite dans les 2 mois. En cas de défaillance critique, les réparations sont à réaliser dans la journée, suivies d'une contre-visite.

En cas de vente, la visite ne doit pas dater de plus de 6 mois.

1. Identification
2. Freinage
3. Direction
4. Visibilité
5. Éclairage / Signalisation
6. Liaisons au sol
7. Structure carrosserie
8. Équipement
9. Organes mécaniques
10. Pollution / Niveau sonore

Les bagages

À l'intérieur du véhicule, les bagages ou les objets encombrants ne doivent pas gêner la visibilité ou les mouvements du conducteur. Pas d'objets sur la plage arrière ni au sol à l'avant. Dans le coffre, je cale les objets afin qu'ils ne se déplacent pas durant le trajet.

Pour charger la galerie je dois respecter trois règles :
→ ne pas dépasser l'aplomb avant du pare-choc ;
→ ne pas dépasser 3 m à l'arrière ;
Au-delà d'un mètre le chargement est signalé par un dispositif réfléchissant homologué, complété par un feu rouge la nuit.
→ ne pas dépasser 2,55 m de largeur.
Les objets doivent être fixés afin de ne pas balayer à l'arrière ni traîner au sol.

RÈGLEMENTATION GÉNÉRALE

Le transport de vélos

Pour transporter des vélos à l'arrière du véhicule, attention à ne pas cacher la plaque, sinon en rajouter une. Attention à ne pas cacher les feux du véhicule. Au besoin, en ajouter sur les vélos.

Les animaux

Pas d'animal en liberté dans l'habitacle ! Il existe des cages de transport. Une grille de séparation avec le poste de conduite peut également être installée.

Les passagers

Les passagers montent et descendent toujours, si possible, du côté du trottoir. Chacun s'assure qu'il peut ouvrir la portière, par un regard attentif vers l'arrière. La porte est ouverte en deux temps afin de ne pas surprendre un piéton ou un deux-roues.

Responsabilité :

Je suis responsable des passagers de moins de 18 ans. Je m'assure qu'ils sont tous installés correctement dans leur siège. Chaque siège ne peut être occupé que par une seule personne. Pas d'enfants de moins de 10 ans à l'avant sauf si toutes les places arrières sont occupées ou s'il n'y en a pas.

RÈGLEMENTATION GÉNÉRALE

EN RÉSUMÉ

✓ Les nouvelles plaques sont sur fond blanc à l'avant et à l'arrière. Les anciennes plaques sont sur fond blanc à l'avant et sur fond blanc ou jaune à l'arrière.
✓ La carte d'immatriculation comporte les informations administratives et techniques du véhicule.
✓ Elle doit être changée dans les quinze jours dans le cas d'un achat à un particulier.
✓ Elle doit être changée ou modifiée dans le mois qui suit en cas de changement d'adresse.
✓ La vignette d'assurance est placée en bas à droite du pare-brise. Elle est valable un mois après la date de fin de validité.
✓ Le contrôle technique est obligatoire au quatrième anniversaire du véhicule neuf, puis tous les deux ans.
✓ En cas de vente, le contrôle technique ne doit pas dépasser les six mois d'ancienneté.
✓ En cas d'anomalie grave (défaillance majeure), je dois faire réparer et présenter le véhicule pour une contre-visite dans les deux mois.
✓ En cas d'anomalie très grave (défaillance critique), je dois faire réparer et présenter le véhicule pour une contre-visite dans la journée.

MINI ÉVAL

1- La vignette d'assurance doit être placée :
en bas à gauche du pare-brise — A ☐
en bas à droite du pare-brise — B ☐
en haut à gauche du pare-brise — C ☐
en haut à droite du pare-brise — D ☐

2- Ma voiture est âgée de 5 ans. Je dois effectuer le contrôle technique :
tous les 6 mois — A ☐
tous les 2 ans — B ☐
tous les 4 ans — C ☐

3- Je déménage pour changer de département. Je dois changer la carte grise :
avant un mois — A ☐
avant trois mois — B ☐
avant six mois — C ☐

Réponses : 1-B 2-B 3-A

D RÈGLEMENTATION GÉNÉRALE

Remorque

Attention au PTAC (Poids Total Autorisé en Charge - F1 ou F2 sur carte grise) de la remorque car les permis B ou BE en dépendent. Ne pas non plus dépasser le PTRA (Poids Total Roulant Autorisé - F3 sur carte grise) du véhicule tracteur.

Permis B
PTAC remorque ≤ 750 kg ou > 750 kg si PTAC remorque + PTAC véhicule ≤ 3,5 t
Option B96 si remorque > 750 kg et somme des PTAC > 3,5 t et ≤ 4,25 t

Permis BE
PTAC remorque > 750 kg et ≤ 3,5 t
Somme des PTAC > 4,25 t

Une remorque se distingue à l'arrière grâce aux deux plaques réflectorisantes rouges triangulaires.

Une remorque possède une plaque du constructeur, dite de tare, où sont inscrits : le PTAC, le poids à vide (PV - G ou G1 sur la carte grise), la charge utile (CU), la largeur, la longueur et la surface.

Une remorque d'un PTAC supérieur à 500 Kg❶ possède sa carte grise❷ et sa propre immatriculation❸.
Si sa dimension masque les feux du véhicule, elle doit alors posséder les mêmes feux arrière que le véhicule ; il en est de même avec un porte-vélos fixé à l'arrière. Un rétroviseur à droite est obligatoire si la remorque masque la visibilité dans le rétroviseur intérieur.

Un attelage de fortune peut dépanner un véhicule. Dans ce cas, j'utilise une barre rigide.

RÈGLEMENTATION GÉNÉRALE D

📋 EN RÉSUMÉ

✓ Le permis B suffit pour tracter une remorque de moins de 750 kg ou si la somme des PTAC est inférieure à 3,5 t.
✓ Si la somme des PTAC est supérieure à 3,5 t sans dépasser 4,25 t, il faut posséder l'option B96 obtenue par une formation de 7 h. Si la somme des PTAC excède 4,25 t, il faut passer le permis BE.
✓ Si la remorque masque les feux du véhicule, celui-ci doit alors posséder les mêmes feux arrière. De plus, deux triangles rouges réfléchissants sont obligatoires.
✓ Une remorque de plus de 500 kg possède sa propre immatriculation.
✓ Je suis attentif aux divers branchements et attaches lorsque j'attèle une remorque.
✓ Une remorque modifie les conditions de conduite.
✓ Les bagages ne doivent pas gêner.
✓ Le chargement ne dépasse pas l'aplomb à l'avant, ni 3 m à l'arrière.
✓ Les enfants de moins de 10 ans voyagent à l'arrière, sauf un bébé sur un siège dos à la route, airbag passager désactivé.
✓ Les enfants sont installés dans des sièges et rehausseurs.

✏️ MINI ÉVAL

1- Pour être réglementaire, sur cette remorque, il manque :
des feux de gabarit_____A ❑
des triangles catadioptres_____B ❑
une roue de secours_____C ❑

2- La signalisation annonce :
- un accès interdit aux véhicules de moins de 3,5 t
OUI_____A ❑ NON_____B ❑
- un accès interdit aux véhicules tractant une remorque de plus de 250 kg
OUI_____C ❑ NON_____D ❑

3- Je tracte une caravane et l'ensemble mesure plus de 7 m :
Je peux ici dépasser une autre caravane :
OUI_____A ❑ NON_____B ❑
Je peux dépasser le véhicule devant moi :
OUI_____C ❑ NON_____D ❑

Réponses : 1-B 2-BC 3-AD

Notes

P

PRÉCAUTIONS NÉCESSAIRES EN QUITTANT LE VÉHICULE

On ne gare pas son véhicule n'importe où, n'importe comment. Il existe des règles afin de limiter la gêne ou le danger. On ne quitte pas non plus son véhicule sans prendre certaines précautions.

PRÉCAUTIONS NÉCESSAIRES EN QUITTANT LE VÉHICULE

Règles générales

Il existe trois sortes d'immobilisations de son véhicule :
- l'arrêt en circulation ;
- l'arrêt qui ne dure pas car on repart immédiatement ;
- le stationnement pour quitter son véhicule.

Souvent, on effectue un arrêt, qui est en fait considéré comme un stationnement.

L'arrêt :

C'est immobiliser le véhicule sur la chaussée, le temps de prendre ou de déposer un passager, ou le temps de charger ou de décharger des objets.
Le conducteur doit rester au volant ou à proximité immédiate afin de déplacer le véhicule sans délai.

Le stationnement :

C'est arrêter son véhicule pour toute autre raison sortant de la définition de l'arrêt.
Pour exemple, s'arrêter pour aller chercher son pain à la boulangerie est un stationnement.

Hors agglomération :

L'arrêt et le stationnement s'effectuent sur l'accotement et de préférence à droite lorsque c'est possible. Pour aller stationner à gauche, il ne faut pas couper une ligne continue (axiale ou rive).

En agglomération :

L'arrêt et le stationnement s'effectuent toujours à droite dans le sens de la marche.

Dans un sens unique le stationnement peut être aussi autorisé à gauche. C'est le seul cas de stationnement bilatéral autorisé.

PRÉCAUTIONS NÉCESSAIRES EN QUITTANT LE VÉHICULE

Comment stationner ?

Par mesure de sécurité, il est toujours préférable de pouvoir quitter un stationnement en marche avant afin d'élargir au mieux le champ de vision. Ce qui n'est pas toujours faisable sur un parking de supermarché.

En créneau

En épi

Ainsi, j'entre autant que possible en marche arrière dans un emplacement libre en bataille.

En bataille

En quittant le véhicule, je dois :

- m'assurer du blocage de la direction (anti-vol) ;
- vérifier l'immobilisation totale avec le frein de parcage (frein de parking) ;
- sortir avec précaution pour ne pas surprendre un deux-roues par exemple ;
- faire sortir les passagers côté trottoir ;
- fermer les portes à clé (ou verrouillage centralisé).

PRÉCAUTIONS NÉCESSAIRES EN QUITTANT LE VÉHICULE

Les interdictions générales

Arrêt et stationnement dangereux :

L'arrêt et le stationnement sont considérés comme dangereux s'ils masquent la visibilité ! Et cela coûte, en plus d'une amende, 3 points au permis de conduire.

A proximité d'une intersection

Dans un virage

À proximité d'un sommet de côte

Avant un passage à niveau

La nuit ou par mauvaise visibilité sur une chaussée, sans se signaler avec les feux de position ou de stationnement

Arrêt et stationnement très gênants :
C'est lorsque j'empiète sur un domaine qui n'est pas le mien !

Sur un passage pour piétons, ou sur une distance de 5 mètres en amont dans le sens de circulation.

À cheval et sur un trottoir, sauf si des emplacements délimités sont prévus

Sur une voie « verte », une bande et une piste cyclable, un chemin pour piétons ou une piste cavalière

Dans un couloir de bus

PRÉCAUTIONS NÉCESSAIRES EN QUITTANT LE VÉHICULE

Sur un emplacement réservé aux handicapés

À hauteur d'une bouche d'incendie

À proximité de la signalisation routière si je la cache

Arrêt et stationnement gênants :

La bande d'arrêt d'urgence ne sert que pour une panne ou un malaise

Sur un arrêt d'autocar (hors agglomération)

Sur un arrêt d'autobus (en agglomération)

Sur l'emplacement d'une station de taxis

PRÉCAUTIONS NÉCESSAIRES EN QUITTANT LE VÉHICULE

En présence d'une ligne continue, s'il n'y a pas suffisamment d'espace entre le trottoir et la ligne

Sur un pont ou dans un tunnel

Lorsque l'accès ou le dégagement d'un emplacement de stationnement est empêché

Stationnement interdit mais arrêt toléré :

Devant une entrée carrossable d'immeuble

Sur un emplacement de livraison ou de rechargement pour les véhicules électriques

En double file

Stationnement abusif :

Je ne peux pas laisser stationner mon véhicule au même emplacement durant plus de sept jours. Dans certaines grandes villes, ce délai est raccourci (2 jours à Paris).

PRÉCAUTIONS NÉCESSAIRES EN QUITTANT LE VÉHICULE   P

Stationner

Dans tous les cas, je vais gêner durant la manoeuvre :
- je préviens donc à l'avance de mon intention de m'arrêter, en indiquant avec le clignotant et en réduisant ma vitesse ;
- avant le lieu de ma manoeuvre, si je suis suivi, je m'arrête pour bien signifier aux autres qu'ils doivent me laisser l'espace de manoeuvre ;
- je me range en prenant soin de vérifier qu'on me laisse manoeuvrer.
- je peux effectuer plusieurs petites manoeuvres pour m'ajuster.

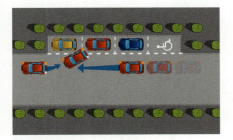

Créneau :
- je recule jusqu'à ce que les roues arrière arrivent à l'extrémité du véhicule ;
- je contrôle autour de moi ;
- je recule mon véhicule environ à 45° ;
- j'entre l'avant tout en contrôlant que je ne vais pas accrocher ;

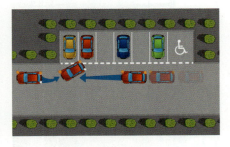

Bataille :
- je contrôle autour de moi ;
- je recule tout en positionnant mon véhicule pour entrer l'arrière dans l'espace libre ;
- je peux effectuer plusieurs petites manoeuvres pour m'ajuster.

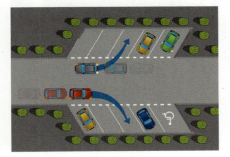

Épi :
- En marche arrière : j'opère comme pour un rangement en bataille.
- En marche avant : j'entre normalement à vitesse très réduite. Attention ensuite à la marche arrière lorsque je vais repartir car la visibilité ne sera pas bonne !

PRÉCAUTIONS NÉCESSAIRES EN QUITTANT LE VÉHICULE

Les parkings :

A l'entrée des grandes agglomérations, des parcs de stationnement (parcs relais) sont parfois aménagés afin de désengorger la circulation et les rues, en assurant la liaison avec les transports en commun.
Le péage combine la plupart du temps le prix du stationnement et le prix des tickets de bus ou de tramway.

Les souterrains :

Attention ! L'accès des parkings souterrains et des parkings en étages peut être réglementé.

Des prescriptions concernant la vitesse, la largeur ou encore la hauteur, sont indiquées à l'entrée.
Attention donc aux camionnettes, aux vans, ou encore aux galeries si elles sont chargées.

Avant d'entrer, j'allume au moins les feux de position. Je circule au pas puis je me gare.

Il est souvent utile d'inscrire le numéro de l'emplacement et de l'étage...

La plupart des parkings aménagés en sous-sol ou en étages sont payants.
Attention aux heures de fermeture !

PRÉCAUTIONS NÉCESSAIRES EN QUITTANT LE VÉHICULE — P

EN RÉSUMÉ

✓ Prendre ou déposer un passager, charger ou décharger le véhicule, tout en restant à proximité pour pouvoir le déplacer, définissent l'arrêt. Tout autre arrêt est considéré comme un stationnement.
✓ Rester plus de 7 jours au même endroit est un stationnement abusif.
✓ L'arrêt et le stationnement sont considérés comme gênants lorsqu'ils empiètent sur un domaine réservé à d'autres usagers, ou lorsqu'ils gênent la circulation.
✓ L'arrêt reste parfois toléré : entrée d'immeuble, livraison, emplacement de recharge des véhicules électriques.
✓ L'arrêt et le stationnement sont dangereux lorsqu'ils cachent la visibilité en des lieux dangereux.

 MINI ÉVAL

1- Je peux m'arrêter à cet endroit pour téléphoner :
OUI _____ A ❑
NON _____ B ❑

2- Dans ce sens unique, je suis bien stationné :
OUI _____ A ❑
NON _____ B ❑

3- Je peux m'arrêter à droite pour me repérer sur une carte :
OUI _____ A ❑
NON _____ B ❑

4- Je peux aller directement stationner dans les emplacements à gauche :
OUI _____ A ❑
NON _____ B ❑

Réponses : 1-B 2-A 3-B 4-B

PRÉCAUTIONS NÉCESSAIRES EN QUITTANT LE VÉHICULE

Interdictions

L'interdiction prend effet au niveau du panneau, dans le sens de la marche et jusqu'à la prochaine intersection.

Signalisation d'arrêt et de stationnement interdits

Arrêt interdit :

Une ligne continue jaune en bordure de trottoir signifie aussi une interdiction de s'arrêter.

Stationnement interdit :

Une ligne discontinue jaune en bordure de trottoir signifie aussi une interdiction de stationner. L'arrêt est autorisé.

Panonceaux :

Ils précisent que l'interdiction vise une catégorie d'usagers, une période définie ou encore le fait de désigner un côté.

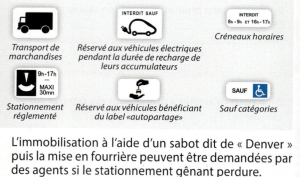

- Transport de marchandises
- Réservé aux véhicules électriques pendant la durée de recharge de leurs accumulateurs
- Créneaux horaires
- Stationnement réglementé
- Réservé aux véhicules bénéficiant du label «autopartage»
- Sauf catégories

L'immobilisation à l'aide d'un sabot dit de « Denver » puis la mise en fourrière peuvent être demandées par des agents si le stationnement gênant perdure.

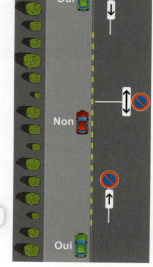

PRÉCAUTIONS NÉCESSAIRES EN QUITTANT LE VÉHICULE

Parcs et zones

Zone :

L'interdiction ou la réglementation concerne toutes les rues jusqu'au panneau de sortie.

Entrée de zone

Sortie de zone

Signalisation de stationnement réglementé

Zone bleue :

Parfois les emplacements de stationnement sont délimités en bleu, d'où le nom de cette zone.

Le stationnement est réglementé entre 9h et 19h, et limité à 1h30❶ ou moins❷.

Stationnement gratuit et limité par disque

→ je règle le disque sur l'heure d'arrivée ;
→ je place le disque visible du trottoir, derrière le pare-brise ;
→ je dois repartir avant la fin de la période autorisée.

Zone à stationnement payant :

Je dois stationner dans les places délimitées. Le mot PAYANT est accolé au marquage.

Stationnement limité selon la taxe payée

Le ticket distribué par l'horodateur est placé derrière le pare-brise de manière à être visible du trottoir.

PRÉCAUTIONS NÉCESSAIRES EN QUITTANT LE VÉHICULE

Zone à stationnement unilatéral à alternance semi-mensuelle :

Placé à proximité du panneau d'entrée d'agglomération, il concerne en général toute l'agglomération.
Attention cependant, il peut aussi exister d'autres types de règlementation à l'intérieur de l'agglomération (payant ou avec disque par exemple).

Le stationnement s'effectue d'un seul côté de la rue et chaque quinzaine le côté change. Le changement s'effectue la veille d'une quinzaine entre 20h30 et 21h.

Pour mieux comprendre la règle, je vais raisonner en autorisation de stationner et non pas en interdiction de stationner.
Règle d'association des chiffres impairs et des chiffres pairs :
→ je stationne du côté impair (1-3-5-etc.) de la rue la première quinzaine du mois (1 au 15) ;
→ je stationne du côté pair (2-4-6-etc.) la deuxième quinzaine du mois (16 à fin de mois).

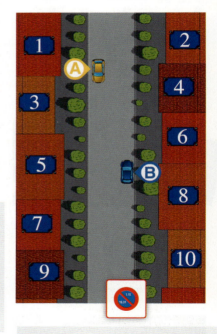

Exemple : Nous sommes le 30 juin au matin. Je stationne comme le véhicule A ou comme le véhicule B ?

Le 30 juin fait partie de la deuxième quinzaine. La deuxième quinzaine est un chiffre pair. Je stationne donc du côté pair de la rue, comme le véhicule B.

Stationnement unilatéral :

La règle est souvent rappelée dans les rues par des panneaux qui sont implantés du côté de l'interdiction.

Stationnement interdit de ce côté, la première quinzaine du mois

Stationnement interdit de ce côté, la deuxième quinzaine du mois

PRÉCAUTIONS NÉCESSAIRES EN QUITTANT LE VÉHICULE

EN RÉSUMÉ

✓ L'arrêt et le stationnement peuvent aussi être interdits par une ligne jaune continue ou discontinue.
✓ Des panonceaux peuvent préciser à qui s'adresse l'interdiction, une durée ou encore des espaces.
✓ Les zones concernent un quartier jusqu'à l'agglomération entière. Un panneau met fin à la zone.
✓ Le stationnement peut être interdit ou réglementé, gratuit ou encore payant et limité dans le temps. Des symboles précisent alors le régime du stationnement et les places sont délimitées.
✓ Lorsque le stationnement s'effectue de manière unilatérale alternée semi-mensuelle, on associe les chiffres des immeubles (pairs ou impairs) pour connaître le côté du stationnement autorisé.
✓ Stationnement autorisé la première quinzaine du côté des numéros impairs.
✓ Stationnement autorisé la deuxième quinzaine du côté des numéros pairs.

✎ MINI ÉVAL

1- Je peux m'arrêter juste :
avant le panneau
OUI_____A❑   NON_____B❑
après le panneau
OUI_____C❑   NON_____D❑

2- Pour stationner à cet emplacement, je dois utiliser le disque :
OUI_____A❑
NON_____B❑

3- J'entre dans une zone où le stationnement est :
gratuit
OUI_____A❑   NON_____B❑
contrôlé par disque
OUI_____C❑   NON_____D❑

4- Je vais dans le centre-ville et nous sommes le 18 du mois. Je stationnerai :
du côté des numéros impairs_____A❑
ou
du côté des numéros pairs_____B❑

Réponses :   1-AC   2-A   3-BD   4-B

ÉVALUATION

1- Ces véhicules sont bien stationnés :
OUI _____ A ❑
NON _____ B ❑

2- Pour stationner, je coupe les feux du véhicule :
OUI _____ A ❑
NON _____ B ❑

3- Je suis riverain.
Je peux stationner près de la borne d'incendie :
OUI _____ A ❑
NON _____ B ❑

4- Après ce panneau, je peux stationner à droite :
OUI _____ A ❑
NON _____ B ❑

5- Pour la sécurité, je stationne sur le trottoir :
OUI _____ A ❑
NON _____ B ❑

ÉVALUATION — P

**6- Nous sommes le 10 du mois.
Je stationne du côté des numéros :**
pairs _____ A ☐
ou
impairs _____ B ☐

7- Je peux stationner :
avant le pont _____ A ☐
sous le pont _____ B ☐
après le pont _____ C ☐

8- Pour me garer à droite, il est préférable de le faire :
en marche avant _____ A ☐
ou
en marche arrière _____ B ☐

9- Je peux aller stationner à gauche :
OUI _____ A ☐
NON _____ B ☐

10- Le long de ces véhicules à droite, je peux :
m'arrêter
OUI _____ A ☐   NON _____ B ☐
stationner
OUI _____ C ☐   NON _____ D ☐

Réponses : 1-A 2-A 3-B 4-B 5-B 6-B 7-AC 8-B 9-B 10-BD

273

PRÉCAUTIONS NÉCESSAIRES EN QUITTANT LE VÉHICULE

S'installer et quitter le véhicule

> Conduire commence bien avant de s'insérer dans la circulation et se termine lorsque tous les occupants sont sortis du véhicule.
> Avant chaque départ, je dois mettre en œuvre une procédure particulière.

Procédure d'installation

En ce qui me concerne, l'installation joue un grand rôle dans le confort et l'accessibilité des commandes.
Je dois pouvoir accéder à celles-ci sans avoir à décoller le dos du dossier, ni à me déhancher sur le siège.

1-Je règle le siège :

La jambe gauche doit pouvoir appuyer à fond sur la pédale d'embrayage, sans être tendue.
La manette de réglage se situe sous le siège ou sur le côté. Sur certains modèles, il existe une manette de réglage du siège en hauteur.

2-Je règle le dossier :

En position, les bras sont légèrement pliés❶.
Je dois pouvoir atteindre le haut du volant sans décoller le dos❷.
La manette❸ (ou la molette) se situe en bas du dossier.

❶ ❷ ❸

PRÉCAUTIONS NÉCESSAIRES EN QUITTANT LE VÉHICULE

Pour tenir le volant, je ne le cramponne pas, et je place les mains entre 9h15❶ et 10h10❷ selon ma taille.
Sur certains modèles, le volant est réglable en hauteur❸.

❶

❷

❸

Je régle les rétroviseurs :

Encadrer au mieux la lunette arrière pour voir le plus loin possible.
Le rétroviseur intérieur❹ est saisi sans poser ses doigts sur le miroir.
Une position « nuit❺ » permet de ne pas être ébloui. Il suffit de pousser ou de tirer la manette.
La vision dans les rétroviseurs extérieurs❻ effleure le bord du véhicule pour avoir un référent sur la position des autres usagers. Le champ de vision oblige à tourner la tête pour voir dans les angles morts❼.

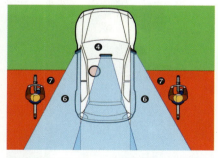

PRÉCAUTIONS NÉCESSAIRES EN QUITTANT LE VÉHICULE

J'attache ma ceinture de sécurité :

La ceinture doit bien s'appuyer en bas sur les os du bassin ; et sur sa partie pectorale ne pas frotter sur le cou. La hauteur est souvent réglable.
La ceinture n'est pas vrillée.

Toute pince destinée à soulager la tension de la ceinture est à proscrire car dangereuse !

Attention ! La ceinture est attachée avant d'établir le contact. Elle est détachée après avoir coupé le contact. C'est une bonne habitude à prendre. Circuler sur un parking sans ceinture est une infraction...

Quitter le véhicule

Après avoir totalement arrêté le véhicule, je dois m'assurer que :
➜ l'antivol de direction est bloqué ;
➜ le frein de parcage (à main) est serré.

Dans une forte pente, il est conseillé de tourner un peu les roues vers le trottoir.

Enclencher une vitesse peut éventuellement servir mais n'est pas bien conseillé. La mécanique peut en effet être endommagée par un choc même léger. Pour sortir du véhicule, il est préférable d'ouvrir la portière avec la main droite. Cela permet de contrôler plus facilement l'angle mort et ainsi de ne pas risquer de faire chuter un cycliste. Vérifier la fermeture de toutes les portes.

PRÉCAUTIONS NÉCESSAIRES EN QUITTANT LE VÉHICULE

EN RÉSUMÉ

✓ Les réglages sont effectués afin d'avoir un bon accès à toutes les commandes, sans bouger du siège.
✓ Le rétroviseur intérieur cadre la lunette arrière.
✓ Les rétroviseurs extérieurs effleurent la carrosserie afin d'avoir un référent sur la position des autres usagers.
✓ Attention à la ceinture qui doit tenir le bassin et passer loin du cou.
✓ Je vérifie l'immobilisation totale du véhicule avant de le quitter.
✓ En forte pente, je tourne un peu les roues du côté trottoir et je passe éventuellement une vitesse.

MINI ÉVAL

1- Le rétroviseur intérieur sert principalement à voir :
les passagers présents à l'arrière de mon véhicule ___A ❑
ou
les usagers qui me suivent _____B ❑

2- Cette commande permet :
de régler le rétroviseur extérieur gauche _____A ❑
de régler le rétroviseur intérieur _____B ❑
de régler le rétroviseur extérieur droit _____C ❑
de rabattre les rétroviseurs extérieurs _____D ❑

3- Les rétroviseurs extérieurs servent à couvrir tous les angles morts :
OUI _____A ❑
NON _____B ❑

Réponses : 1-B 2-ACD 3-B

Notes

S   ÉQUIPEMENTS DE SÉCURITÉ

Le transport des enfants nécessite des équipements spécifiques de sécurité.

ÉQUIPEMENTS DE SÉCURITÉ

Transport des enfants

Tous les enfants de moins de 10 ans doivent être placés à l'arrière, sauf dans les cas suivants :
→ un bébé peut être transporté à l'avant à côté du conducteur dans un siège adapté dos à la route. Attention, dans ce cas, penser à désactiver l'airbag passager ;
→ si les sièges arrière sont tous occupés par des enfants de moins de 10 ans ;
→ s'il n'y a aucun siège à l'arrière ou si ceux-ci ne sont pas utilisables.

Sièges auto

Groupe 0 (de la naissance à 10 kg), soit jusqu'à 9 mois :

Dans un lit nacelle fermé et ancré parallèlement au siège. Possibilité de placer un siège à l'avant, dos à la route.

Il est alors obligatoire de désactiver l'airbag passager.

Groupe 1 (9 à 18 kg), soit jusqu'à 4 ans :

Si possible toujours dos à la route car les vertèbres cervicales sont encore très fragiles.

Siège baquet avec harnais et planchette réceptrice.

Groupe 2 (15 à 25 kg), et groupe 3 (22 à 36 kg), soit jusqu'à 10 ans :

Rehausseur selon la taille de l'enfant, avec harnais ou ceinture.

EQUIPEMENTS DE SÉCURITÉ   S

Sécurité enfants :
Les portes arrière sont dotées de verrouillage de sécurité pour les enfants. Elles ne s'ouvrent pas de l'intérieur. Le verrouillage peut être centralisé.

Note : une nouvelle norme ISOFIX - norme ISO d'ancrage pour les sièges pour enfants est obligatoire sur tous les véhicules neufs depuis 2011. Le système ISOFIX peut être de deux types : universel ou semi-universel. Un siège universel est un siège du groupe 1 installé face à la route, équipé d'une « top tether » (sangle supérieure antirotation) et homologué pour être installé aux places Isofix que l'on trouve dans tous les véhicules neufs.

Aides à la conduite

Le régulateur de vitesse permet de se dispenser d'appuyer sur l'accélérateur, la vitesse reste régulée automatiquement à la vitesse programmée. Il est possible de le désactiver rapidement par un appui sur la pédale de frein.

Il peut être «adaptatif» ou «intelligent», en surveillant les véhicules qui précèdent pour ajuster automatiquement la vitesse en fonction des distances de sécurité.

Le limiteur de vitesse ne dispense pas d'utiliser l'accélérateur, il permet seulement d'empêcher de rouler au-delà de la vitesse programmée. Il peut être désactivé temporairement en appuyant fortement sur l'accélérateur, pour effectuer un dépassement rapide notamment.

S — EQUIPEMENTS DE SÉCURITÉ

Le dispositif d'alerte de franchissement involontaire de lignes (AFIL) est un dispositif qui avertit le conducteur quand il franchit involontairement une ligne continue ou discontinue sans utiliser les clignotants. L'avertissement se manifeste par une vibration du siège ou du volant du véhicule.

L'aide au stationnement (park assist) permet de réaliser simplement, sans toucher le volant, les créneaux (droite et gauche), voire les rangements en bataille.

Le dispositif e-Call est système d'appel d'urgence automatique permettant à une voiture accidentée d'appeler instantanément les services d'urgence tout en envoyant sa position précise, que ses occupants soient conscients ou non, et quel que soit le pays de l'UE dans lequel elle se trouve. Ce système, basé sur le numéro unique d'urgence européen 112, est complété par la géolocalisation et permettrait une intervention des services d'urgence plus rapide, adaptée à la sévérité de l'accident et au type de véhicule impliqué, réduisant ainsi la mortalité et la gravité des blessures résultant des accidents de la route. Ce système est obligatoire sur tous les véhicules neufs depuis le 31 mars 2018.

EQUIPEMENTS DE SÉCURITÉ

 EN RÉSUMÉ

✓ Les enfants de moins de 10 ans voyagent à l'arrière, sauf un bébé sur un siège dos à la route, airbag passager désactivé.
✓ Les enfants sont installés dans des sièges et rehausseurs.

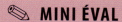 MINI ÉVAL

1- Je transporte un enfant sur le siège avant, dos à la route. Je désactive l'airbag passager :
OUI _____ A ☐
NON _____ B ☐

2- En règle générale, je peux installer un enfant sur le siège avant s'il est âgé de :
5 ans_____ A ☐
8 ans_____ B ☐
10 ans_____ C ☐
12 ans_____ D ☐

3- Pour installer un bébé à l'avant, je dois impérativement :
placer le siège dos à la route
OUI _____ A ☐ NON _____ B ☐
désactiver l'airbag passager
OUI _____ C ☐ NON _____ D ☐

4- Cet enfant est bien installé :
OUI _____ A ☐
NON _____ B ☐

5- Cet enfant pourra s'installer à l'avant lorsqu'il aura :
8 ans_____ A ☐
10 ans_____ B ☐

Réponses : 1-A 2-CD 3-AC 4-A 5-B

Notes

ANNEXES

Le permis de conduire est une épreuve qui vérifie dans un premier temps que le candidat connaît les règles du code de la route et ses applications ; dans un deuxième temps, l'examinateur contrôle que le candidat est suffisamment à l'aise avec le véhicule pour s'intégrer en toute sécurité dans un trafic routier.

Le permis B permet de conduire plusieurs types de véhicules.

ANNEXES

L'examen théorique et pratique

Les conditions préalables

L'ASSR1 est obligatoire pour obtenir le permis AM (anciennement BSR).
L'ASSR2, ou l'ASR (ou à défaut une attestation sur l'honneur si celle-ci est perdue), est obligatoire pour obtenir son permis de conduire. Pour suivre une formation, la possession d'un livret d'apprentissage est obligatoire, mais celui-ci peut être numérique.

L'apprentissage Anticipé de la Conduite, AAC ou Conduite Accompagnée :

À partir de 15 ans, je peux entrer en formation. Je passe l'ETG (Épreuve Théorique Générale). À la fin de ma formation, le formateur signe l'attestation de fin de formation initiale et je peux alors conduire avec un accompagnateur.

L'accompagnateur :
→ 5 ans de permis minimum sans interruption ;
→ Ne pas avoir fait l'objet d'une annulation ou d'une suspension du permis de conduire dans les 5 années précédentes ;
→ Détenir l'accord de l'assureur ;
→ Participer au rendez-vous préalable (au moins 2 h) ;
→ Être désigné sur le contrat.

Le véhicule doit être équipé d'un rétroviseur extérieur droit à l'usage de l'accompagnateur.
La conduite n'est possible que sur le territoire français.
Les limitations de vitesse sont celles de la période probatoire.

Disque obligatoire à apposer à l'arrière des véhicules en conduite accompagnée.

ANNEXES

La durée de formation

Le minimum de cours pratiques fixé par la règlementation est de 20h (ou 13h dans le cas d'une formation sur boîte automatique). On remarque cependant que la plupart des candidats ont besoin de près de 30h avant de réussir l'examen. Notez qu'il est possible d'effectuer la conduite supervisée dans le cadre de la formation traditionnelle. A l'issue d'un rendez-vous préalable d'une heure, il est possible de conduire avec un accompagnateur (comme dans le cadre de la conduite accompagnée) avant de passer ou de repasser le permis de conduire.

L'épreuve théorique

L'ETG (Épreuve Théorique Générale) se passe à partir de 17 ans en formation traditionnelle et 15 ans en formation AAC. Il faut répondre correctement à au moins 35 questions sur les 40 proposées pour être admis à l'ETG. Elle est valable 5 ans pour permettre de passer l'épreuve pratique.

Une situation est présentée avec une question et plusieurs réponses possibles (2 à 4 propositions). Il y a toujours au moins une mauvaise réponse.
La moindre erreur entraîne une réponse fausse !

Les questions portent souvent sur des comportements. 4 questions sur les 40 sont animées (vidéo).
Le candidat doit toujours répondre comme s'il était un conducteur expérimenté (hors période probatoire).

Voici les 10 thèmes officiels du nouvel examen :

- **L** Dispositions légales en matière de circulation routière
- **C** Le conducteur
- **R** La route
- **U** Les autres usagers de la route
- **D** Réglementation générale et divers
- **A** Règles générales spécifiant le comportement que doit adopter le conducteur en cas d'accident
- **P** Précautions nécessaires à prendre en quittant le véhicule
- **M** Éléments mécaniques liés à la sécurité de la conduite
- **S** Équipements de sécurité des véhicules
- **E** Règles d'utilisation du véhicule en relation avec le respect de l'environnement

ANNEXES

L'épreuve pratique

Si l'examen du code est réussi, le candidat peut alors se présenter à l'épreuve pratique, à partir de 17 ans dans le cadre de l'AAC, 18 ans en formation traditionnelle.

L'épreuve pratique permet d'évaluer :
➔ Le respect des dispositions du Code de la route ;
➔ Sa connaissance du véhicule et sa capacité à déceler les défauts techniques les plus importants ;
➔ Sa maîtrise des commandes et de la manipulation du véhicule pour ne pas créer de situations dangereuses ;
➔ Sa capacité à assurer sa propre sécurité et celle des autres usagers sur tout type de route, à percevoir et à anticiper les dangers engendrés par la circulation ;
➔ Son degré d'autonomie dans la réalisation d'un trajet ;
➔ Sa capacité à conduire dans le respect de l'environnement et à adopter un comportement courtois et prévenant envers les autres usagers, en particulier les plus vulnérables.

Déroulement de l'épreuve

L'épreuve dure 32 minutes. Elle débute par l'accueil du candidat, qui doit présenter un document d'identité. Puis, les documents d'examen et le livret d'apprentissage (en cas d'apprentissage anticipé de la conduite) sont vérifiés.
Le candidat est installé au poste de conduite et l'expert lui présente l'épreuve, qui comporte notamment :
➔ La vérification d'un élément technique en relation avec la sécurité routière, à l'intérieur et à l'extérieur du véhicule ;
➔ La réalisation d'un arrêt de précision en circulation et d'une manoeuvre en marche arrière.

Le certificat d'examen du permis de conduire est ensuite établi, et est valable 4 mois dans l'attente du titre définitif. Un jeune ayant obtenu son permis avant l'âge de 18 ans (AAC) devra attendre sa majorité pour être autorisé à conduire seul.

Attention ! Les limitations de vitesse de la période probatoire doivent être respectées. Dans le cas où le candidat échoue cinq fois à l'épreuve pratique, il doit repasser l'ETG.

ANNEXES

Équivalences permis

Les véhicules de la catégorie B

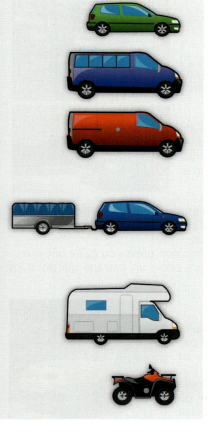

- une voiture ;
- une voiture automatique* ;

- un minibus (maxi 9 places assises, conducteur compris) ;

- une camionnette (PTAC de 3,5 t maximum) affectée au transport de marchandises ;

- un véhicule attelé d'une remorque lorsque le poids total autorisé en charge (PTAC) de la remorque est supérieur à 750 kg, à condition que la somme des poids totaux autorisés en charge (PTAC) du véhicule tracteur et de la remorque soit inférieure ou égale à 3,5 t.

- une autocaravane (PTAC de 3,5 t maximum) ;

- un tricycle lourd ou quadricycle lourd à moteur.

* L'épreuve pratique du permis B peut se passer sur un véhicule muni d'un embrayage automatique. Le permis délivré n'est alors valable que pour la conduite de ce type de véhicule. Pour lever cette restriction, une formation de 7 heures en auto-école est requise après un délai de 3 mois. Le permis B permet la conduite de ces véhicules automatiques.

ANNEXES

Voyager en Europe

Conduite apaisée

La règle, le bon sens et la courtoisie :

30 millions de voitures circulent en France ! 1 million de motos, 2 millions de cyclomoteurs, 20 millions de cyclistes et des dizaines de millions de piétons. Sans compter les camions et les transports en commun...

A chacun son métier, à chacun ses raisons de déplacement. Il y a les conducteurs novices et les conducteurs expérimentés. Je peux être en bonne forme ou pas. Autant de comportements avec lesquels je dois composer sur la route.

La règle est donnée par le code de la route et tous doivent la suivre correctement afin que chacun s'y retrouve. Le bon sens doit s'appliquer lorsque la règle ne peut pas bien répondre à la situation qui se présente.
Enfin, la courtoisie résout toujours les problèmes non prévus ou pallie une erreur de l'autre usager. Parfois, il faudra aller jusqu'à céder un passage qui pourtant m'était dû...

Conduire :

La vision dynamique ou sportive de la conduite fait partie du sport automobile sur piste et non pas du domaine routier. Cette attitude agressive au volant est dangereuse !
La voiture est aujourd'hui devenue un outil utile de déplacement, alliant l'agrément au confort, où un éventuel esprit de compétition doit faire place à la tolérance et à la courtoisie. On y gagne en baisse du stress, en économie de carburant et en vies humaines.

Conduire est donc un état d'esprit qui prend en compte l'autre usager.
Je n'hésite pas à communiquer mes intentions à l'aide du clignotant, même si je pense qu'il n'y a personne...

ANNEXES

Préparer son itinéraire

Le GPS :

Cet appareil fonctionne à l'aide de satellites. Il positionne le véhicule sur une carte routière intégrée. Je peux ainsi me laisser guider en affichant ma destination. Il permet aussi de réguler son voyage en prévoyant des arrêts, en calculant la vitesse et en estimant la durée du parcours.

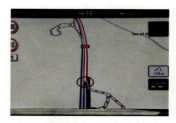

Les cartes :

Il en existe de divers formats. Le pays, les régions, les départements sont ainsi couverts afin de répondre aux besoins. Une boussole n'est pas superflue. Je note sur une fiche les directions et étapes de mon voyage.

Internet :

Quelques adresses utiles :

- → le Centre National d'Information Routière (CNIR) anime, coordonne et contrôle l'activité des sept Centres Régionaux d'Information et de Coordination Routières (CRICR). Ces informations alimentent Bison Futé ;
- → depuis trente ans Bison Futé nous informe sur les conditions de circulation.
  www.bison-fute.gouv.fr
- → on peut imprimer son itinéraire et calculer le coût du voyage ;
  www.viamichelin.fr ; www.mappy.fr
- → cartographies, topographie ; et la France vue du ciel. www.ign.fr

ANNEXES

Gilet de sécurité

Triangle de présignalisation

Le voyage

La voiture :

Les contrôles et entretiens sont effectués.

Il est obligatoire de posséder :

→ Un triangle de présignalisation de danger homologué ;

→ Un gilet de sécurité fluorescent homologué placé dans un endroit permettant de le prendre facilement avant de sortir du véhicule ;

Il est également recommandé d'avoir une roue de secours et le matériel nécessaire pour la changer dans son coffre.

Il reste à ajouter un matériel indispensable :

→ Un extincteur ;

→ Une boîte d'ampoules et de fusibles ;

→ Un double-mètre et une craie en cas de constat amiable ;

→ Un petit carnet pour noter les grandes lignes de son itinéraire et un crayon…

→ Un éthylotest. L'éthylotest peut être chimique ou électronique, au choix du conducteur.

Le conducteur :

Je pars reposé, ce qui me permet de conserver longtemps une bonne vigilance.

J'effectue une pause toutes les deux heures.

L'alimentation est légère et je prévois des en-cas et une boisson désaltérante, non alcoolisée.

Un « poncho » ou un parapluie accessibles dans le coffre sont indispensables.

ANNEXES

Les passagers :

Le passager m'aidera pour les directions à prendre et pour la surveillance des éventuels enfants.
Pour ces derniers, prévoir des jeux calmes et des boissons. Une pause toutes les heures est un bon rythme pour qu'ils se détendent sur des aires de repos. Attention à l'utilisation de lecteur DVD ou de console de jeux vidéo, qui ne doivent pas être dans le champ de vision du conducteur.

Le téléphone :

Téléphoner au volant est dangereux, même en bluetooth. Tenu en main ou équipé d'une oreillette, il est interdit. Outre un accident, je risque une amende et 3 points en moins sur mon permis. Je risque même la rétention immédiate de mon permis avec une suspension jusqu'à 6 mois si je commets une autre infraction en même temps (vitesse, croisement, dépassement ou règles de priorité). Si je suis attendu, je communique un créneau horaire tenant compte des arrêts, mais pas une heure fixe !
À moins de confier le téléphone portable au passager, je positionne celui-ci sur répondeur. Et je ne réponds pas !

La ceinture de sécurité :

La ceinture de sécurité d'un véhicule doit :
➜ Être ajustée au passager et adaptée à sa morphologie et à son poids ;
➜ Être mise tant à l'avant qu'à l'arrière du véhicule ;

Tout enfant de moins de 10 ans doit être retenu par un système homologué adapté à sa morphologie et à son poids.

ANNEXES

Le plein de carburant :

Je choisis le carburant préconisé par le constructeur.
L'ouverture de la trappe du réservoir est parfois commandée par une manette. Sinon, il faut la clé de contact pour ôter le bouchon.
Le moteur est arrêté, je ne fume pas, je ne téléphone pas !
Le GPL demande une procédure particulière expliquée sur le livret du véhicule.

La « clé » de contact :

Certains véhicules sont maintenant équipés d'une carte électronique commandant à distance l'ouverture et le verrouillage des portes. Pour lancer le moteur, il faut enclencher la carte dans son logement et débrayer ou freiner tout en lançant le moteur.

La clé classique sert aussi d'antivol (Park) en bloquant la direction. Lorsqu'elle est retirée, il faut tourner un peu le volant jusqu'à sentir le blocage. Pour déverrouiller, il faut tourner un peu le volant tout en tournant la clé.

Une position sur le contact sert à utiliser les commandes électriques (dont l'autoradio) sans mettre sous tension le moteur.

Une position établit le contact du moteur.

Un cran supplémentaire lance le moteur. Le retour est automatique.
Ne pas relancer le moteur lorsqu'il tourne !

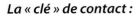

ANNEXES

Synthèse des différentes réglementations en Europe

Pays	Limitations de vitesse en Km/h				Alcoolémie mg/l d'air expiré (/ spécifique novice)	Gilet (G) Extincteur (E) Trousse secours (S) Ampoules (A) Triangle (T)	Feux de croisement
	Agglo-mération	Route	Chaussée séparée ou voie rapide	Autoroute			
Allemagne	30 à 50	70 à 100		130+	0,25/0	S + T	non
Autriche	50	100		130	0,25/0,05	G + S + T	non
Belgique	50	90	120	120	0,25/0,25	G + E + S + T	non
Bulgarie	50	80	120	140	0,25	G + E + S + T	oui
Chypre	50	80	100	100	0,25/0,1		non
Danemark	50	80	130	130	0,25/0,25	T	oui
Espagne	50	90	120	120	0,25/0,15	G + A + T (x2)	non
Estonie	50	90	90/110	90/110	0,1/0,1	G + E + T	oui
Finlande	50	80	80/100/120	80/100/120	0,22	T	oui
France	50	80/90	110	130	0,25/0,1	G + T	non
Grèce	50	90	110	130	0,25/0,1	E + S + T	non
Hongrie	50	90	110	130	0/0	T	hors agglo.
Irlande	50	80	100	120	0,25/0,1		oui
Italie	50	90	130	130	0,25/0	G + T	oui
Lettonie	50	90	100		0,25/0,1	E + S + T	oui
Lituanie	50	70/90	110	130	0,2/0	G + E + S + T	oui
Luxembourg	50	90	130	130	0,25/0,1	G + T	non
Malte	50	80	80	80	0,4/0,4		non
Pays-Bas	50	80	100	120/130	0,25/0,1	T	non
Pologne	50	90	100/120	140	0,1/0,1	E + T	oui
Portugal	50	90	100	120	0,25/0,1	G + T	oui parfois
Rép. tchèque	50	90	110	130	0/0	T	oui
Roumanie	50	90/100	130	130	0/0	E + T	oui, hors agglomération
Royaume-Uni (hors UE)	48	96	112	112	0,4/0,4		non
Slovaquie	50	90	130	130	0/0	G + T	oui
Slovénie	50	90	110	130	0,24/0	G + S + A + T	oui
Suède	50	70	110	110	0,1/0,1	T	oui
Suisse (hors UE)	50	80	100	120	0,25/0,05	T	oui

Informations issues du ministère des Affaires Etrangères www.diplomatie.gouv.fr, de divers clubs automobiles de l'UE, sous réserve de modifications récentes. Les informations manquantes ne signifient pas l'absence de règles... Double information de vitesse selon les lieux ou les horaires.

Notes

1 LA SÉRIE DES GRANDS TESTS
LE GRAND TEST N°1

1 LA SÉRIE DES GRANDS TESTS
EXAMEN BLANC / EXAMEN BLANC / EXAMEN BLANC / EXAMEN BLANC

1- Le système de galerie sur le toit augmente :
la consommation _____ A ❏
l'aérodynamisme _____ B ❏
la pollution _____ C ❏

2- Le constat amiable est obligatoire dans le véhicule :
OUI _____ A ❏   NON _____ B ❏
Je peux le remplir en partie à l'avance :
OUI _____ C ❏   NON _____ D ❏

3- Le voyant de carburant vient de s'allumer :
je continue à la même allure _____ A ❏
j'accélère _____ B ❏
je réduis mon allure _____ C ❏

4- Pour effectuer un trajet d'un kilomètre, le moyen de transport le plus écologique et économique est :
l'autobus _____ A ❏
la marche à pied _____ B ❏
la voiture _____ C ❏

5- Cette limitation de vitesse prend effet après le panneau :
OUI _____ A ❏   NON _____ B ❏
Elle permet d'accroître la vigilance vis-à-vis des usagers fragiles :
OUI _____ C ❏   NON _____ D ❏

LA SÉRIE DES GRANDS TESTS

EXAMEN BLANC / EXAMEN BLANC / EXAMEN BLANC / EXAMEN BLANC

6- Cette commande, dans cette position, permet :
de désactiver l'airbag passager
OUI _____ A ❑   NON _____ B ❑
de transporter à l'avant un enfant dos à la route _____ C ❑
de transporter à l'avant n'importe quel passager _____ D ❑

7- Je klaxonne _____ A ❑
Je m'arrête _____ B ❑
Je passe _____ C ❑

8- La ceinture de sécurité est obligatoire :
pour les enfants
OUI _____ A ❑   NON _____ B ❑
en effectuant un très court trajet de l'école à la maison
OUI _____ C ❑   NON _____ D ❑

9- Dans cette situation, je m'attends à rencontrer :
des piétons _____ A ❑
des cyclistes _____ B ❑
des enfants _____ C ❑
personne _____ D ❑

10- Pour effectuer le plein, avant de quitter mon véhicule, je m'assure :
que le moteur est éteint _____ A ❑
que les vitres sont fermées _____ B ❑
que le contact est coupé _____ C ❑

1 LA SÉRIE DES GRANDS TESTS
EXAMEN BLANC / EXAMEN BLANC / EXAMEN BLANC / EXAMEN BLANC

11- Je risque une amende si je n'ai pas de constat amiable dans mon véhicule :
OUI _____ A ❑
NON _____ B ❑

12- Des essuie-glaces défectueux :
font systématiquement du bruit _____ A ❑
laissent des traces d'eau sur le pare-brise __ B ❑
Il est recommandé de les changer :
tous les ans _____ C ❑
tous les 2 ans _____ D ❑

13- En circulation, des fumées anormalement noires sortent du pot d'échappement. Cela peut provenir :
d'une erreur de carburant _____ A ❑
d'une surconsommation _____ B ❑
d'un échappement défectueux _____ C ❑
d'un dysfonctionnement du moteur _____ D ❑

14- Lorsque les feux passeront au vert :
je céderai le passage en face _____ A ❑
je devrai aller tout droit _____ B ❑
je devrai aller à gauche _____ C ❑

15- En tant que conducteur, je suis responsable pécuniairement des passagers qui n'ont pas attaché leur ceinture de sécurité s'ils ont :
21 ans
OUI _____ A ❑   NON _____ B ❑
17 ans
OUI _____ C ❑   NON _____ D ❑

LA SÉRIE DES GRANDS TESTS 1

EXAMEN BLANC / EXAMEN BLANC / EXAMEN BLANC / EXAMEN BLANC

16- Dans cette situation :
je ralentis et je m'arrête _____ A ❑
je ralentis et je m'écarte _____ B ❑
je passe sans ralentir _____ C ❑

17- Posséder dans son véhicule un constat amiable est :
obligatoire _____ A ❑
ou
facultatif _____ B ❑

18- Le voyant orange en bas à droite, sur mon tableau de bord, vient de s'allumer. Il s'agit du voyant :
d'huile _____ A ❑
de carburant _____ B ❑
de défaut de freins _____ C ❑

19- Le covoiturage permet :
de réduire les émissions de gaz polluants ___ A ❑
de partager les frais du trajet _____ B ❑
d'acheter une voiture à plusieurs _____ C ❑
de réduire les embouteillages dans les agglomérations _____ D ❑

20- A 80 km/h, ma distance de sécurité est ici :
normale _____ A ❑
insuffisante _____ B ❑
trop grande _____ C ❑

1 LA SÉRIE DES GRANDS TESTS
EXAMEN BLANC / EXAMEN BLANC / EXAMEN BLANC / EXAMEN BLANC

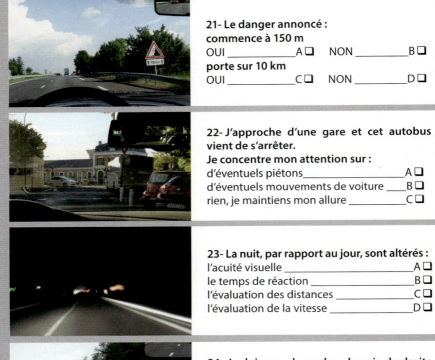

21- Le danger annoncé :
commence à 150 m
OUI _____ A ❏   NON _____ B ❏
porte sur 10 km
OUI _____ C ❏   NON _____ D ❏

22- J'approche d'une gare et cet autobus vient de s'arrêter.
Je concentre mon attention sur :
d'éventuels piétons _____ A ❏
d'éventuels mouvements de voiture ___ B ❏
rien, je maintiens mon allure _____ C ❏

23- La nuit, par rapport au jour, sont altérés :
l'acuité visuelle _____ A ❏
le temps de réaction _____ B ❏
l'évaluation des distances _____ C ❏
l'évaluation de la vitesse _____ D ❏

24- Je dois me placer dans la voie de droite si je circule :
à 70 km/h _____ A ❏
à 50 km/h _____ B ❏
à 40 km/h _____ C ❏
à 30 km/h _____ D ❏

25- Les signes de la fatigue peuvent être :
des paupières lourdes _____ A ❏
des bâillements _____ B ❏
une augmentation du rythme cardiaque _ C ❏

LA SÉRIE DES GRANDS TESTS   1

EXAMEN BLANC / EXAMEN BLANC / EXAMEN BLANC / EXAMEN BLANC

26- Le logo qui demande le plus d'attention vis-à-vis de la conduite est :
le logo de niveau 1 _____ A ❏
le logo de niveau 3 _____ B ❏

27- Le conducteur descend de son véhicule. Je mets le clignotant à gauche :
OUI _____ A ❏   NON _____ B ❏

28- Le marquage au sol indique :
une route départementale _____ A ❏
une route à caractère prioritaire _____ B ❏
des travaux _____ C ❏

29- Je dois circuler :
en feux de position seuls
OUI _____ A ❏   NON _____ B ❏
en feux de croisement
OUI _____ C ❏   NON _____ D ❏

30- L'alcool :
augmente le temps de réaction
OUI _____ A ❏   NON _____ B ❏
provoque des troubles visuels
OUI _____ C ❏   NON _____ D ❏

1 LA SÉRIE DES GRANDS TESTS
EXAMEN BLANC / EXAMEN BLANC / EXAMEN BLANC / EXAMEN BLANC

31- En période probatoire, je vais pouvoir circuler :
à 70 km/h _____ A ☐
à 80 km/h _____ B ☐
à 110 km/h _____ C ☐

32- Pour avertir de ma présence :
je klaxonne _____ A ☐
ou
j'effectue un appel de feux _____ B ☐

33- Je peux laisser passer le véhicule noir :
OUI _____ A ☐   NON _____ B ☐

34- A droite, je peux :
m'arrêter
OUI _____ A ☐   NON _____ B ☐
stationner
OUI _____ C ☐   NON _____ D ☐

35- Sur route mouillée, la distance de freinage est multipliée :
par 2 _____ A ☐
par 3 _____ B ☐
par 4 _____ C ☐

LA SÉRIE DES GRANDS TESTS 1

EXAMEN BLANC / EXAMEN BLANC / EXAMEN BLANC / EXAMEN BLANC

36- Le stationnement est interdit dans les emplacements à droite :
OUI _____ A ☐
NON _____ B ☐

37- La prise d'un seul cachet d'ecstasy peut être mortelle :
OUI _____ A ☐   NON _____ B ☐
Les effets de cette drogue prennent fin plus rapidement que ceux de l'alcool :
OUI _____ C ☐   NON _____ D ☐

38- Par ces conditions météorologiques : la distance de freinage est sensiblement la même que par temps de pluie :
OUI _____ A ☐   NON _____ B ☐
j'utilise au maximum le frein moteur de mon véhicule à l'approche du sens giratoire :
OUI _____ C ☐   NON _____ D ☐

39- Un enfant peut monter seul à l'avant d'un véhicule à partir de :
8 ans _____ A ☐
10 ans _____ B ☐
12 ans _____ C ☐

40- Pour stationner en bataille à côté du véhicule à droite, je manoeuvre plutôt :
en marche arrière _____ A ☐
en marche avant _____ B ☐

1 LA SÉRIE DES GRANDS TESTS

QUESTION	RÉPONSE	THÈME
01	**AC**	E
02	**BC**	D
03	**C**	M
04	**B**	E
05	**BC**	U
06	**AC**	S
07	**B**	U
08	**AC**	S
09	**ABC**	U
10	**AC**	P
11	**B**	D
12	**BC**	M
13	**BD**	M
14	**C**	L
15	**BC**	D
16	**B**	U
17	**B**	A
18	**B**	M
19	**ABD**	E
20	**B**	C

QUESTION	RÉPONSE	THÈME
21	**AC**	L
22	**AB**	U
23	**ACD**	C
24	**BCD**	L
25	**AB**	C
26	**B**	C
27	**A**	C
28	**C**	R
29	**BC**	R
30	**AC**	C
31	**AB**	L
32	**B**	C
33	**A**	C
34	**BD**	P
35	**A**	R
36	**B**	P
37	**AD**	C
38	**BC**	R
39	**B**	S
40	**A**	P

2 LA SÉRIE DES GRANDS TESTS
LE GRAND TEST N°2

LA SÉRIE DES GRANDS TESTS
EXAMEN BLANC / EXAMEN BLANC / EXAMEN BLANC / EXAMEN BLANC

1- Un sous-gonflage des pneus peut entraîner un éclatement :
OUI _____ A ❑   NON _____ B ❑
Il est recommandé de vérifier la pression des pneus :
tous les mois _____ C ❑
tous les 6 mois _____ D ❑

2- La chaussée sera à double sens de circulation :
à hauteur du panneau _____ A ❑
à 150 m _____ B ❑
à 200 m _____ C ❑

3- Dans le moteur, ce bouchon concerne :
le liquide de frein _____ A ❑
le liquide de refroidissement _____ B ❑
l'huile _____ C ❑
le liquide de lave-glaces _____ D ❑

4- La carte grise est un document délivré par :
le vendeur _____ A ❑
la préfecture _____ B ❑
la mairie _____ C ❑

5- Pour limiter les effets d'un éblouissement, je ralentis :
avant de sortir _____ A ❑
en sortant seulement _____ B ❑
après être sorti _____ C ❑

LA SÉRIE DES GRANDS TESTS

2

EXAMEN BLANC / EXAMEN BLANC / EXAMEN BLANC / EXAMEN BLANC

6- La ceinture de sécurité est obligatoire :
OUI _____ A ❏   NON _____ B ❏
Chaque année, dans les accidents de la route en France, le non-port de la ceinture de sécurité entraîne plusieurs centaines de personnes tuées :
OUI _____ C ❏   NON _____ D ❏

7- Je peux m'arrêter :
à gauche
OUI _____ A ❏   NON _____ B ❏
à droite
OUI _____ C ❏   NON _____ D ❏

8- Je transporte aujourd'hui quatre passagers.
Je pourrai négocier ce virage à la même vitesse que d'habitude :
OUI _____ A ❏   NON _____ B ❏

9- Je viens de partir de chez moi et je suis en retard.
Si je roule vite avec le moteur froid, cela :
pollue plus _____ A ❏
pollue moins _____ B ❏
consomme moins _____ C ❏
consomme plus _____ D ❏

10- En circulation en ligne droite, mon véhicule a tendance à dévier vers la gauche.
C'est un problème :
d'équilibrage _____ A ❏
ou
de parallélisme _____ B ❏

2 LA SÉRIE DES GRANDS TESTS
EXAMEN BLANC / EXAMEN BLANC / EXAMEN BLANC / EXAMEN BLANC

11- La vitesse est ici limitée à 50 km/h. Je roule 5 km/h de moins que l'allure maximale autorisée. Cela :
me fait perdre du temps _____ A ❏
me permet de consommer moins _____ B ❏
me permet de polluer moins _____ C ❏

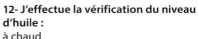

12- J'effectue la vérification du niveau d'huile :
à chaud _____ A ❏
à froid _____ B ❏
sur sol plat _____ C ❏
en pente _____ D ❏

13- J'adapte mon allure principalement à cause :
de mon arrivée sur le passage à niveau __ A ❏
ou
de la présence d'éventuels piétons _____ B ❏

14- Par temps de pluie, je dois laisser deux traits de distance de sécurité :
OUI _____ A ❏   NON _____ B ❏

15- Des piétons peuvent surgir :
de droite _____ A ❏
de gauche _____ B ❏
Je ralentis maintenant :
OUI _____ C ❏   NON _____ D ❏

LA SÉRIE DES GRANDS TESTS 2
EXAMEN BLANC / EXAMEN BLANC / EXAMEN BLANC / EXAMEN BLANC

16- La commande de fermeture centralisée des portes :
empêche les enfants d'ouvrir de l'intérieur _A ❏
évite que quelqu'un ouvre de l'extérieur __B ❏
remplace la sécurité enfant des portières _C ❏

17- Les feux jaunes clignotent.
Je ralentis et je passe _____A ❏
Je cède le passage à droite _____B ❏

18- Quelle zone est la plus risquée ?
la zone 1 _____A ❏
la zone 2 _____B ❏
la zone 3 _____C ❏

19- La balise indique le régime de priorité à appliquer à l'intersection :
OUI _____A ❏   NON _____B ❏
Je devrai céder le passage à la voiture noire :
OUI _____C ❏   NON _____D ❏

20- Mon véhicule a un PTAC de 2,8 tonnes. Je peux continuer :
OUI _____A ❏   NON _____B ❏

2 LA SÉRIE DES GRANDS TESTS
EXAMEN BLANC / EXAMEN BLANC / EXAMEN BLANC / EXAMEN BLANC

21- Je suis le premier à arriver sur les lieux de cet accident. Je dois tout d'abord :
secourir les blessés _____ A ❑
appeler les secours _____ B ❑
baliser les lieux de l'accident _____ C ❑

22- Le temps de conduite raisonnable entre deux arrêts est de :
4 heures _____ A ❑
3 heures _____ B ❑
2 heures _____ C ❑
1 heure _____ D ❑

23- Les véhicules n'avancent pas. J'utilise l'avertisseur sonore :
OUI _____ A ❑   NON _____ B ❑

24- Je m'attends à ce que le cycliste reparte :
OUI _____ A ❑   NON _____ B ❑
Je me prépare à m'arrêter :
OUI _____ C ❑   NON _____ D ❑

25- Sur l'autoroute, je peux sans inconvénient repousser le moment de m'arrêter :
OUI _____ A ❑   NON _____ B ❑

LA SÉRIE DES GRANDS TESTS 2

EXAMEN BLANC / EXAMEN BLANC / EXAMEN BLANC / EXAMEN BLANC

26- Un moteur consomme plus lorsqu'il est :
chaud _____ A ❏
froid _____ B ❏
il rejette plus de gaz polluants :
à froid _____ C ❏
à chaud _____ D ❏

27- En attendant que le véhicule finisse de me dépasser, je peux mettre le clignotant gauche :
OUI _____ A ❏   NON _____ B ❏

28- Je m'arrête _____ A ❏
Je freine _____ B ❏
Je maintiens mon allure _____ C ❏

29- Les doses d'alcool servies chez soi sont souvent supérieures à celles servies dans un bar :
OUI _____ A ❏   NON _____ B ❏

30- Je ralentis et je passe _____ A ❏
ou
Je passe sans ralentir _____ B ❏

2 LA SÉRIE DES GRANDS TESTS
EXAMEN BLANC / EXAMEN BLANC / EXAMEN BLANC / EXAMEN BLANC

31- Ce conducteur est bien installé :
OUI _____ A ❑
NON _____ B ❑

32- Pour tourner à droite, je peux circuler sur le zigzag jaune :
OUI _____ A ❑   NON _____ B ❑

33- J'utilise ici les feux :
de position seuls _____ A ❑
de croisement _____ B ❑
de route _____ C ❑

34- La force centrifuge en virage varie en fonction de :
la masse du véhicule _____ A ❑
le rayon du virage _____ B ❑
la puissance du véhicule _____ C ❑
la vitesse du véhicule _____ D ❑

35- Je commets un délit si je m'enfuis après :
un accident matériel
OUI _____ A ❑   NON _____ B ❑
un accident corporel
OUI _____ C ❑   NON _____ D ❑

LA SÉRIE DES GRANDS TESTS 2

EXAMEN BLANC / EXAMEN BLANC / EXAMEN BLANC / EXAMEN BLANC

36- Je suis à une bonne distance du camion :
OUI _____ A ❑   NON _____ B ❑

37- Pour connaître le solde de points restant sur mon permis, je consulte :
le commissariat de police _____ A ❑
la gendarmerie _____ B ❑
la préfecture _____ C ❑
une auto-école _____ D ❑

38- Sur l'autoroute, je suis bien placé pour faire une pause :
OUI _____ A ❑
NON _____ B ❑

39- Cette sortie de secours peut permettre d'accéder :
à la sortie du tunnel
OUI _____ A ❑   NON _____ B ❑
à une galerie de sécurité
OUI _____ C ❑   NON _____ D ❑

40- Nous circulons au pas. Pour mieux voir devant :
je me déporte un peu à gauche maintenant _____ A ❑
ou
j'augmente d'abord la distance avec le camion _____ B ❑

2 LA SÉRIE DES GRANDS TESTS

QUESTION	RÉPONSE	THÈME
01	**AC**	M
02	**C**	L
03	**C**	M
04	**B**	D
05	**A**	C
06	**AC**	S
07	**BD**	P
08	**B**	C
09	**AD**	E
10	**B**	M
11	**BC**	E
12	**BC**	M
13	**B**	U
14	**A**	C
15	**ABC**	U
16	**B**	S
17	**B**	L
18	**C**	C
19	**BD**	L
20	**A**	L

QUESTION	RÉPONSE	THÈME
21	**C**	A
22	**C**	C
23	**B**	C
24	**AC**	U
25	**B**	C
26	**BC**	E
27	**B**	C
28	**B**	U
29	**A**	C
30	**A**	U
31	**B**	S
32	**A**	R
33	**B**	R
34	**ABD**	R
35	**AC**	D
36	**A**	C
37	**C**	D
38	**B**	P
39	**AC**	R
40	**B**	C

INDEX

A

- A et AAC (disque) 111, 246, 247
- AAC (Apprentissage Anticipé de la Conduite) 246
- ABS (Anti Blockier System) 212, 213
- Accès interdits (signalisation) 38
- Accident (comportement) 191
- Accident (facteurs, statistiques) 190
- Accotement 260
- Acuité visuelle 126
- Adhérence 160-163, 224
- Aérodrome 34, 70
- AFIL (Aide au Franchissement Involontaire de Ligne) 282
- Agents (gestes des) 86, 242
- Agglomération 118
- Aides à la conduite 281
- Airbag 212
- Aire piétonne 41, 48
- Alcool, alcoolémie 131, 134
- Alcootest 131
- Alerter 191
- Ambulance 184
- Amortisseur 214
- Ampoule 219
- Angle mort 183, 205
- Animaux (transport des) 254
- Annulation du permis 245
- Antivol 276
- Aquaplaning (aquaplanage) 161
- Arrêt (définition) 260
- Arrêt cardiaque 196, 197
- Arrêt d'autobus 45, 263
- Arrêt ou stationnement gênants, très gênants ou dangereux 262, 263
- ASR, ASSR 241
- Assurance 242, 248
- Attaque terroriste 194
- Attelage des remorques 256
- Autobus .... voir Bus
- Autocaravane 45, 51, 120
- Autopartage 232
- Autoroute (accès) 23, 47, 54
- Avertisseur sonore 154, 180

B

- Balise 27-28, 71, 74, 79
- Bande cyclable 63, 97, 106
- Bande d'arrêt d'urgence 62, 146
- Bande de roulement 217
- Bataille (rangement en) 265
- Batterie 191, 218
- Bicyclette .... voir Cycle
- Bifurcation 56-57
- Bis (itinéraire) .... voir Itinéraire bis
- Blessé 192
- Blocage des roues 212-213
- Boîte de vitesses 209-210
- Borgne .... voir Acuité visuelle
- Bornes kilométriques 140
- Brouillard 160, 206
- Bruit 219, 233
- BSR (Brevet de Sécurité Routière) .... voir permis AM
- Bus 63, 87, 92, 106, 120

C

- Camionnette 25, 48
- Camping-car .... voir Autocaravane
- Caractère prioritaire 52, 81, 119
- Caravane 25, 38, 45, 50-51, 102, 120, 256
- Carburant 51, 148, 208, 232
- Carrefour à sens giratoire 55, 83, 108
- Carte grise .... voir Immatriculation (certificat)
- Carte routière 140
- Cartouche 54, 140
- Cassis 30, 71
- Catadioptre 203
- Catégories (de permis) 241
- Catégories (de véhicules) 241
- Catégories (d'usagers) 38, 106
- Cavalier 32, 41, 48, 99, 264
- Cédez le passage 65, 81-83
- Ceinture de sécurité 254, 276, 293
- Chaînes à neige 25, 41
- Changement de direction 202
- Chargement 253
- Chaussée 62-63
- Chemin de terre 87
- Chevrons 38
- Circulation alternée 94
- Circulation en files 96, 107
- Clignotants 203, 206
- Colonne (cortège) 86
- Communal (chemin) 140
- Comportement en cas d'accident 191
- Condition physique .... voir Etat physique
- Conducteur novice 111, 147, 246
- Conduite accompagnée 111, 147, 286-287
- Conduite de nuit 102, 156
- Conduite économique .... voir Économies d'énergie
- Conduite supervisée 246, 287
- Consommation 217, 232
- Constat amiable 249
- Contravention 132, 240, 244
- Contrôle routier 242
- Contrôle technique 253
- Cortège .... voir Colonne
- Coussin gonflable .... voir Airbag
- Covoiturage 232
- CO_2 .... voir Étiquette énergie
- Créneau (rangement en) 261
- Créneau de dépassement 44
- Crevaison 217
- Croisement (véhicules) 92-94
- Croisement (feux de) 203
- Cycle 41, 48, 68
- Cyclomoteur 38, 66

D

- Danger (panneaux de) 22, 24, 30-34
- Déclivité 93
- Dégagement d'urgence d'une victime 191
- Dégivrage 161
- Délinéateur 27
- Délit 132, 134, 240, 242, 244
- Démarrer 208, 216, 218
- Demi-tour 36, 144, 146
- Dépannage 256
- Départementale (route) 140
- Dépassements 61, 96
- Dépistage 131
- Dérapage 212
- Descente (dangereuse) 30, 46, 152
- Désembuage 161, 207
- Détresse (signal de) 170, 180, 202-203

317

INDEX

Deux roues (véhicules à) _____ voir Cycle, Motocyclette
Déviation (signalisation) _____ 71-72
Diesel (moteur) _____ 207, 216
Direction (panneaux de) _____ 23, 54
Dispositif réfléchissant _____ 256
Disque A, AAC _____ voir A (disque)
Disque de stationnement _____ 26, 269
Disque (freins à) _____ 213
Distance de freinage et d'arrêt _____ 223-224
Distance de sécurité _____ 127
Documents administratifs _____ 242
Dos-d'âne _____ 30
Douane _____ 37, 184
Drogue _____ 126, 134
Dynamique (Signalisation) _____ 18, 88

E
Éblouissement _____ 156, 170
E-Call _____ 282
Échangeur _____ 56, 146, 148
Échappement _____ 233
Éclairage du véhicule _____ 102, 161, 203
Économies d'énergie, Écoconduite _____ 232
EDP (engin de déplacement personnel) _____ 180
Embrayage _____ 274
Énergie cinétique _____ 222
Enfants _____ 180, 254, 280
Entrée d'autoroute _____ 47, 54
Entretien du véhicule _____ 216
Epi (rangement en) _____ 265
Équipements spéciaux _____ 152
ESP _____ 212
Essuie-glaces _____ 161, 207
ETG (Épreuve Théorique Générale) _____ 247
Éthylomètre, Éthylotest _____ 131, 292
Étiquette énergie _____ 234
Europe (conduite en) _____ 110
Examen médical _____ 242
Excès (de vitesse) _____ 245

F
Facteurs d'accident _____ 190
Fading _____ 152, 213
Fatigue _____ 128
Feu bicolore _____ 70
Feu jaune clignotant _____ 69-70, 73, 84
Feu rouge clignotant _____ 37, 70
Feux (du véhicule) _____ voir Éclairage du véhicule
Feux avant et arrière de brouillard _____ 160, 207
Feux de détresse _____ voir Détresse (signal de)
Feux diurnes _____ 203
Feux en forme de flèche _____ 69
Feux stop _____ 203
Feux tricolores _____ 84
Files ininterrompues _____ 96, 107
Filtre _____ 219
Flancs de pneumatiques _____ 214
Flèche jaune clignotante _____ 69
Flèche de rabattement _____ 61, 64, 74, 98
Flèches directionnelles _____ voir Flèches de sélection
Flèches de sélection _____ 64
Force centrifuge _____ 225
Forestier (chemin) _____ 140
Formation (stage) _____ 240-241, 244, 246-247
Fourrière _____ 26, 268
Frein à main _____ 163, 213
Frein moteur _____ 152, 213
Freinage _____ 212-213, 223
Fusibles _____ 219

G
Gendarmerie _____ 37, 184, 192
GIC, GIG _____ 263
Gilet de sécurité _____ 170, 191
Gonflage des pneumatiques _____ 217, 232
GPL (Gaz de Pétrole Liquéfié) _____ 169, 266
GPS _____ 291
Grêle _____ 163
Gyrophare _____ 92, 184

H
Handicapés _____ 180, 263
Hauteur (véhicule) _____ 38, 168
Hémorragie _____ 195
Homicide _____ 245
Horodateur _____ 26, 269
Hydroplanage _____ voir Aquaplaning

I
Idéogrammes _____ 23, 54
Îlot directionnel _____ 28
Immatriculation (certificat) _____ 242, 256
Immatriculation (plaques) _____ 252, 256
Immobilisation (du véhicule) _____ 260, 268
Incendie _____ 48, 50, 170, 192
Indicateurs d'usure (pneus) _____ 214
Indicateur de vitesse _____ 207
Indication (panneaux d') _____ 44
Indonésienne (carrefour à l') _____ 115
Information routière _____ 291
Infractions et sanctions _____ 244
Inscriptions (plaques) _____ voir Immatriculation (plaques)
Insertion _____ 143
Installation du conducteur _____ 274
Intempéries _____ 160
Interdiction de dépasser _____ 36
Interdiction de stationner _____ 264
Interdiction (panneaux d') _____ 36-39
Interdistance _____ voir Distance de sécurité
Inter-files _____ 181
Internet _____ 240, 244
Intersections _____ 78, 119
Intersection encombrée _____ 68
Invalidé (permis) _____ 240, 246
Itinéraire bis _____ 23, 54
Itinéraire de déviation _____ 71-72
Itinéraire S (de substitution) _____ 23, 54, 56
Itinéraire : suivre ou préparer _____ 291

J
Jauge (carburant, huile) _____ 216
Jonction d'autoroutes _____ 148

K
Klaxon _____ voir Avertisseur sonore

L
Lampe _____ 191
Lave-glace _____ 161, 207, 218
Lieu-dit _____ 52, 111, 118
Lignes accolées mixtes _____ 61
Ligne « cédez le passage » _____ 65, 82-83
Ligne stop _____ 65, 82, 115

INDEX

Ligne continue _____ 60-61
Ligne d'avertissement ou d'annonce _____ 60-61
Ligne de dissuasion _____ 60-61
Ligne de rive _____ 62
Ligne discontinue _____ 60-61
Ligne temporaire _____ 60
Limitations de gabarit _____ 38, 71
Limitations de poids _____ 38
Limitations de vitesse _____ 36, 286
Limiteur de vitesse _____ 281
Livret (d'apprentissage) _____ 286
Livret (d'entretien) _____ voir Entretien du véhicule
Localisation (panneaux de) _____ 22, 52
Lubrification _____ 219
Lunettes (de soleil) _____ 170
Lunettes (correctrices) _____ voir Verres correcteurs

M

Manche à air _____ 33, 164
Manoeuvrer _____ 144
Marche arrière _____ 103, 146, 208, 265
Marquage au sol _____ 60
Marquage temporaire _____ voir Ligne temporaire
Matières dangereuses _____ 182
Mécanique _____ 202
Médicaments _____ 129
Mobilité réduite _____ voir Handicapés
Montagne _____ 93, 152
Moteur _____ 216, 219, 233
Motocyclette _____ 241

N

Neige _____ 25, 28, 41- 42, 112, 153
Niveaux des liquides _____ 213, 216
Nuisances _____ 233
Nuit _____ 102, 156
Numéros d'urgence _____ 192

O

Obligation (panneaux d') _____ 22, 25, 40-42
Obstacle sur la chaussée _____ 27, 40, 60-61, 71, 74, 92
Onde verte _____ 84
Ouverture des portières _____ 254

P

Panne _____ 46, 60, 62, 149, 180
Panneau à message variable _____ 33, 88
Panonceaux _____ 24-27, 30, 72, 268
Panonceau-schéma _____ 80
Parallélisme _____ 214
Parcmètre _____ 26, 269
Pare-brise _____ 202
Pare-soleil _____ 180
Parking-relais _____ 232
Passage piétons _____ 27, 31, 46, 98, 262
Passagers _____ 149, 170, 254
Passage à niveau _____ 31, 34, 45, 172
Pause _____ 148, 292
Péage _____ 37, 47, 70, 150
Permis AM _____ 286
Permis (annulation) _____ voir Annulation du permis
Permis (catégories) _____ voir Catégories (de permis)
Permis (équivalences) _____ 289
Permis (formation et examen) _____ 246, 286
Permis (suspension) _____ voir Suspension du permis
Permis à points _____ 132, 240, 246

Permis probatoire _____ 111, 131, 147, 245-246, 286
Perte de connaissance _____ 198
Pictogrammes médicaments _____ voir Médicaments
Piétons _____ 27, 31, 38, 41, 46, 51, 69
Piste cyclable _____ 48, 262
Plaques et inscriptions _____ voir Inscriptions (plaques)
Plaques (immatriculation) _____ voir Immatriculation (plaques)
Pluie _____ 111-112, 170, 207, 214, 224
PMV _____ voir Panneau à message variable
Pneumatiques _____ 212, 214, 217
Pneus neige (crampons) _____ 25, 153, 163
Poids (réel, PTAC, PTRA) _____ 36, 38-39, 97, 241, 256, 289
Police _____ 47, 86, 184, 192
Pollution _____ 232
Pompiers _____ 184, 192
Ponts _____ 34, 70, 94, 163-164, 264
Position latérale de sécurité (PLS) _____ 192
Poste d'appel d'urgence _____ 50, 149
Prioritaire (routes à caractère) _____ voir Caractère prioritaire
Priorité à droite _____ 80, 84
Priorité ponctuelle _____ 81
Produits psychoactifs _____ voir Alcool, Drogue, Médicaments
Protéger _____ 191

Q

Quadricycle à moteur _____ 241, 289

R

Radar _____ 72, 179, 190
Ralentisseur _____ 31, 46, 65, 119
Réaction (temps de) _____ voir Temps de réaction
Récidive _____ 132, 244-245
Refroidissement _____ 207, 216
Refuge _____ 170
Refus d'obtempérer _____ 242
Réglage des feux _____ 157
Régulateur de vitesse _____ 281
Remorquage _____ 256
Régulateur adaptatif (intelligent) _____ 281
Remorques _____ 25, 92, 232, 256, 289
Repos _____ voir Fatigue
Rétroviseur _____ 110, 142, 156, 205, 275
Risque _____ 200
Rond-point _____ 88, 83, 108
Roue de secours _____ 217, 292
Roues motrices _____ 51, 163
Route (définition) _____ 140
Route à accès réglementé _____ 110, 146
Routes nationales _____ 140
Route (tenue de) _____ 214

S

Sabot de « Denver » _____ 268
SAIP (Système d'Alerte et d'Information des Populations) _____ 193
SAMU, SMUR _____ 184
Sanctions _____ voir Infractions et sanctions
Sculptures (pneumatiques) _____ 161, 206
Secourir _____ 194
Sécurité active et passive _____ 212
Sécurité enfants _____ 280
Sens de circulation _____ 54, 66, 83, 78, 94, 96, 114
Sens giratoire _____ voir Carrefour à sens giratoire
Sens interdit _____ 36
Sens unique _____ 48, 62, 96, 146
Sièges enfants _____ 280
Signal automatique _____ 172

319

INDEX

Signal de détresse	voir Détresse (signal de)
Signalisation routière, verticale	voir Panneaux
Situations d'urgence	46, 50, 62, 149, 170, 191-198, 213
Sorties d'autoroute	58
Stage permis à points	240, 247
Stationnement (définition)	260
Stationnement (abusif)	264
Stationnement (alterné)	270
Stationnement (payant)	269
Stationnement (à durée limitée)	269
Stationnement (en bataille, créneau, épi)	261, 265
Stationnement (interdit)	268
Stationnement (dangereux)	262
Station-service	51, 232
Statistiques d'accidents	190
Stop (panneau)	31, 65, 81
Structure (pneumatiques)	214
Stupéfiants	voir Drogue
Substitution (itinéraire de)	voir Itinéraire S
Suspension du véhicule	214
Suspension du permis	240, 245, 286
Symboles	23, 68

T

Tableau de bord	208
Taux d'alcool	131
Taxi	120, 242, 263
Téléphone portable	129, 170, 192, 293
Témoin (accident)	250
Témoin (voyant)	voir Voyants
Témoins d'usure (pneus)	voir Indicateurs d'usure
Temporaire (marquage)	60, 71
Temporaire (signalisation)	22, 54, 71-74
Temps de réaction	127-129, 134, 223
Thermogomme (pneus)	163
Totalisateur (journalier, kilométrique)	207
Tourner	36, 48, 55, 66, 115, 181
Trajectoire	60, 64, 72, 82, 164, 180
Tramways	31, 41, 45-46, 96, 174, 224
Transmission	212
Transport de marchandises	25, 36, 38-39, 268, 289
Transport de matières dangereuses	voir Matières dangereuses
Transport en commun	41, 93
Trappe à carburant	294
Traumatisme	195
Travaux	71, 74, 94
Triangle de présignalisation	191, 292
Tricycle à moteur (permis)	241, 289
Trottoir	46, 48, 140, 262
Tunnel	47, 50, 70, 168
TWI	214

U

Unilatéral (stationnement)	270
Usure des pneumatiques	214

V

Véhicules agricoles	34, 38, 60
Véhicules à progression lente	184
Véhicules d'entretien	120
Véhicules d'urgences	184
Véhicules lents	30, 60, 63, 106, 147
Vent	33, 164
Vente	253
Verglas	34, 42, 52, 112, 153, 163
Verres correcteurs	126
Vidange	voir Entretien du véhicule
Vigilance	129, 292
Vignette crit'air	234
Vignette d'assurance	202, 248, 252
Vignette de contrôle technique	202, 253
Violence de choc	226
Virages	28, 30, 111, 225
Visibilité	79, 97, 111-112, 147, 160, 162
Visite médicale	242
Vitesse	36, 41, 110
Vitesse conseillée	41, 44
Vitesse minimale	41, 147
Vitre	161
Voie d'accélération	63
Voie de décélération	55, 56-58, 63, 107, 146
Voie de détresse	46, 66
Voies de sélection	voir Flèches de sélection
Voies réservées	41-42, 48, 114, 120
Voie de stockage	63, 116
Voyants	208
Vue	voir Acuité visuelle

W

Warning	voir Détresse (signal de)

Z

Zébras	66, 74
Zone bleue	60, 269
Zone de rencontre	41, 48
Zone 30	36, 39
Zone piétonne	voir Aire piétonne

Crédits photos : p. 128, accident autoroute © Unclesam - Fotolia.com ; p. 286, conduite accompagnée © Alexander Raths - Fotolia.com ; p. 290, voiture vitesse © Marianne Mayer - Fotolia.com, p. 292, éthylotest © Sébastien - Fotolia.com

Les contenus de cet ouvrage pédagogique ne sauraient se substituer aux textes officiels du Journal Officiel, consultables sur www.legifrance.gouv.fr, qui en sont la source. De ce fait, ils ne peuvent être opposés devant un tribunal. Les lois et les règlements étant sujet à modification, il est bon de s'assurer auprès d'un professionnel de la formation qu'un texte est toujours en vigueur. Les éditions successives actualisent les contenus en conséquence.

Vous pouvez également trouver ces évolutions et modifications sur le site www.activpermis.com, onglet « **INFO PRATIQUE** », rubrique « **EVOLUTION DES LOIS ET DES REGLEMENTATIONS** ».

Copyright 2021 Editions du Toucan
PROGESCO / COSDEV
Achevé d'imprimer en août 2021 en France
N° impression : 21060458
Dépôt légal août 2021